# 투자 트렌드를
# 알면 100억이
# 보인다

**투자 트렌드를 알면 100억이 보인다**



초판 1쇄 인쇄 2023년 6월 1일
초판 5쇄 발행 2023년 6월 19일

지은이 김피비, 곽상빈
편집인 권민창
책임편집 정윤아
디자인 김지혜
책임마케팅 윤호현, 김민지, 정호윤
마케팅 유인철, 이주하
제작 제이오
출판총괄 이기웅
경영지원 김희애, 박혜정, 최성민

펴낸곳 ㈜바이포엠 스튜디오
펴낸이 유귀선
출판등록 제2020-000145호(2020년 6월 10일)
주소 서울시 강남구 테헤란로 332, 에이치제이타워 20층
이메일 mindset@by4m.co.kr

ISBN 979-11-92579-74-0 (03320)

마인드셋은 ㈜바이포엠 스튜디오의 출판브랜드입니다.

경제 흐름과 데이터를 기반으로 한 완벽한 투자법

# 투자 트렌드를 알면 100억이 보인다

김피비 · 곽상빈 지음

PROLOGUE

# 어떤 투자에도 통하는 원리가 존재한다

## 투자의 절대 원칙: 트라이앵글 이론과 AI+빅데이터의 만남

누구나 부자가 되고 싶지만 누구나 부자가 될 수는 없다. 그 차이는 바로 금융 지식에 있다. 금융은 조선 시대의 한문과도 같다. 한글이 탄생하기 전, 조선의 기득권층은 자신들의 권력과 정보를 지키기 위해서 서민들이 알아듣지 못하는 한문으로 소통했다. 그리고 21세기의 자본주의 시대에는 금융이 그 역할을 맡고 있다. 복잡한 용어와 시스템으로 만들어진 금융시장은 일반 사람이라면 교묘하게 돈을 잃을 수밖에 없는 방식으로 구성되어 있다. 지식이 있고 돈이 있는 사람은 계속 벌게 되고, 모르고 없는 사람은 계속 잃게 되는 구조인 것이다. 정말 슬픈

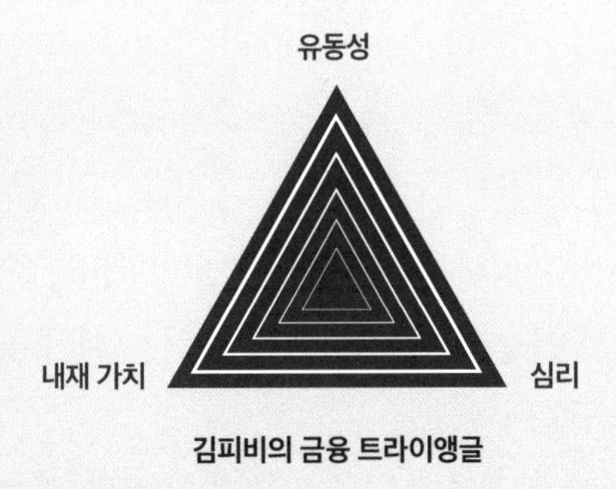

김피비의 금융 트라이앵글

현실이라는 생각이 들었고, 에임리치는 그래서 탄생했다. 필자는 현재 유튜브 채널 에임리치와 투자한스푼을 통해 개인 투자자들 누구나 기관 투자자 수준의 정보력을 가질 수 있도록 정보를 제공하고 있다.

처음엔 전문적인 금융 데이터와 정보들은 배우려고 해도 너무 복잡해서 배울 엄두가 나지 않는다. 하지만 얼마든지 쉽게 이해할 수 있는 영역이며, 조금만 이해하면 누구나 다 전문 투자자 수준의 통찰력을 가질 수 있다.

가령 예를 들어보자. 필자는 고등학생 때부터 10년이 훌쩍 넘는 시간 동안 투자에 대해 공부하면서 늘 궁금했던 게 있었다. '도대체 저 주식은 왜 오르는 거지?', '저 부동산은 왜 대박이 났을까?' 누구라도 궁금할 만한 내용이다. 오랜 시간을 연구한 결과, 결국 종목과 시장 구분 없이 이 트라이앵글에 의해 움직인다는 것을 깨닫게 되었다.

모든 자산은 때로 투자자들의 투기 심리만으로 가격이 폭등하기도 하고, 때로는 정말 가치(주식에서는 순이익, 부동산에선 개발 이슈 등)가 높아지면서 상승하기도 하고, 화폐가 많이 풀리고 경제가 잘 돌아갈 때, 즉 거시경제의 큰 파도에 의해서 상승하기도 한다. 어떤 종목이나 투자시장도 이 법칙에서 벗어나지 않는다.

결국, 투자로 돈을 벌려면 '현재 투자하기가 좋은 때(유동성)인지, 이 종목의 가치가 진짜 높아지고 있는지(내재 가치), 이 종목을 사람들이 주목하는지(심리)' 세 가지만 파악하면 되는 것이다. 그리고 이 책에선 그 세 가지에 대해서 AI, 빅데이터로 분석한 전망과 여러분들도 금융 트라이앵글 관점에서 현재가 투자하기 좋은 때인지, 아닌지를 구분할 수 있는 노하우들을 담았다.

필자가 경제 침체, 은행의 부도, 자산 가격의 폭락, 암호화폐 거래소의 파산 등을 예측할 수 있었던 것은 전부 데이터 분석 덕분이다. 현재 적어도 월에 2,000개 이상의 금융 데이터와 자료들을 수집, 분석하고 있다. 과거는 미래를 보장하지 않지만, 과거의 데이터들은 미래를 예측하는 데 매우 유용하다. 완벽한 예측은 불가능하지만 대략적인 관점에서 경제와 자산시장의 전망을 최대 2년 정도 앞서 예측할 수 있다. 마치 우리가 내일 날씨는 어떻게 될지 알 수 없어도, 여름엔 덥고 겨울이 오면 추울 것이라는 것 정도는 알 수 있는 것과 같다. 처음엔 아리송할지 몰라도, 책을 다 읽었을 즈음에는 고개를 끄덕이게 될 것이다.

그럼 이런 생각이 들 수도 있다. '경제는 공부하기 어려우니까 그냥 난 주식만 열심히 분석할래', '나는 부동산 투자하는데 경제까지 신경 쓸 필요가 있나?' 하지만 이는 분명히 틀린 생각이다. 경제라는 큰 틀에 주식, 비트코인, 부동산, 원자재 등 모든 자산이 포함되어 있기 때문이고, 큰 그림을 모르면 왜 내가 돈을 벌고 잃는지조차 알 수 없기 때문이다.

실제로 연구 자료를 보면 알 수 있듯이, 투자자들은 경제 분석(10%) 대신 기업의 가치를 분석(90%)하는 데 집중한다. 하지만 실제 주식 가격을 움직이는 요소는 경제(70%)이지, 기업의 가치(30%)가 절대적이지

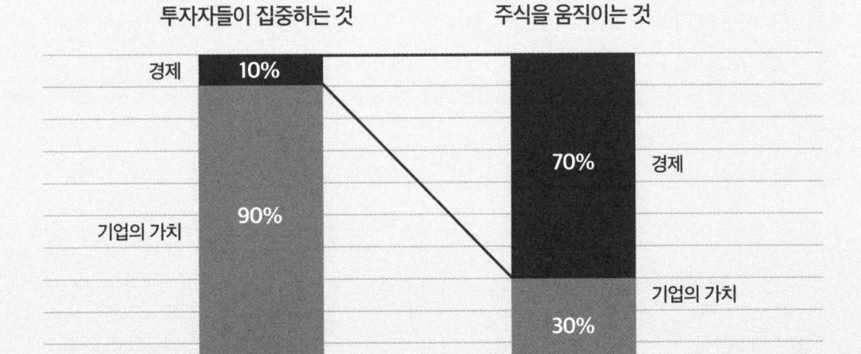


**주가를 움직이는 요소는 무엇인가**
출처: NextEconomy, Cornerstone Research

않다. 이는 부동산, 비트코인 등 모든 투자 자산이 다 마찬가지다. 결국, 경제 분석은 선택도 아니고 필수도 아니다. 그야말로 기본인 것이다. 하지만 처음부터 경제 분석을 하기엔 너무나도 어렵다. 그래서 이 책에서 초보자도 누구나 경제를 쉽게 이해하고, 더 나아가 분석까지 할 수 있는 노하우를 공개할 것이다. 또, AI와 빅데이터를 기반으로 분석하여 전문가의 관점에서 향후 투자시장의 트렌드가 어떻게 흘러갈지에 대한 전망을 공개했다. 독학은 어렵지만 누가 알려주면 참 쉬운 게 금융이다. 이 책 한 권을 다 읽고 덮었을 때, 여러분은 반드시 더 나은 투자자가 될 것이라 장담한다.

**- 김피비**

## 어떠한 상황에서도
## 내 돈을 지킬 수 있는 무기를 만들어 주는 책

필자는 경제학과를 최우등으로 졸업했고, 얼마 전까지 김앤장 법률 사무소의 기업 전문 변호사로 활동했다. 변호사로 활동하기 전까지 회계사, 세무사로 사회활동을 시작해서 손해사정사를 취득하고 감정평가사를 취득하여 다양한 업무를 경험하면서 돈에 대한 관점을 키워 나갔다. 경제의 변화를 일선에서 피부로 느끼고 많은 고객의 이야기를 들을 수 있었다. 취미로 시작했던 주식동아리와 주식방송에 이어 주식 책과 코인 책을 쓰면서 자산시장과 세금, 분쟁을 통한 돈의 이동에 대해 공부할 수 있었다.

교과서로 배운 경제학이 실제 시장에서는 어떻게 돌아가는지, 그리고 권리를 지키는 변호사의 관점에서, 세금을 다루는 회계사와 세무사의 관점에서, 그리고 부동산 가격을 매기는 감정평가사의 관점에서, 더 나아가 보험금을 받지 못하는 사건들을 접하는 손해사정사의 관점에서 돈이 어떻게 유출되고 어떻게 들어오는지를 다양하게 경험하고 정리했다.

돈은 단순하게 우리가 '잘 벌어야지, 잘 써야지'라는 생각만으로는 통제할 수 없다. 돈은 잘 버는 것보다 잃지 않는 게 더 중요하다는 점은 경제 위기나 각종 분쟁, 그리고 거액의 세금을 납부하거나 사기를 당해본 사람이라면 누구나 공감할 것이다.

그렇다. 돈을 잘 버는 법보다 잘 지키는 것이 중요한 시대가 되었다. 10억을 벌어도 금방 10억을 잃을 수 있기 때문에 미리부터 손해를 보지 않는 공부를 해야 한다. 경제는 생물체와 유사하다. 건강할 때는 왕성하게 활동을 하고, 아플 때는 시들시들 죽어간다. 그러다가 치료를 받거나 회복을 하면 다시 왕성하게 활동을 한다. 이렇게 경제는 항상 좋지도 나쁘지도 않다. 우리의 돈도 마찬가지다. 돈을 한창 잘 벌 때는 안정적이고 모든 것이 풍족하다. 그러다가도 사고가 나거나 분쟁이 생기거나 돈을 잃게 되는 어떤 사건을 경험하면 순식간에 그 많던 돈이 사라지기도 한다.

2014년부터 2017년까지 자산시장이 성장하려는 움직임이 꿈틀대기 시작했다. 그리고 2017년 이후에 코인과 주식이 미친 듯이 오르기 시작했고 시장도 성장했다. 그러나 2019년 말 코로나19의 발생으로 경제가 침체기에 들어섰고 각국의 정부들은 양적 완화에 나서서 오히려 자산시장에 거품이 끼기 시작했다. 2022년 갑자기 시장에 풀린 돈을 회수하기 위해서 미국이 금리를 올리자 또다시 자산가격이 폭락하고 경제의 침체기를 예측하는 경제학자들이 많아졌다.

경기 침체기에는 불안하다. 그리고 그 불안 속에서는 돈도 갈 길을 잃고 방황한다. 투자 트렌드의 변화를 보다 민감하게 읽어야 하는 것도 이 때문이다. 그러나 지금 가지고 있는 돈을 뺏기지 않는 원리는 경제 위기가 아니어도 언제든지 통하는 지식이다. 돈을 지키는 작업은 단순하지 않다. 법률, 회계, 세무, 자산시장, 보험을 모두 한 번에 이해하지 않고서는 나중에 어느 한 곳에서 구멍이 날 수도 있다. 그래서 부자가 되기 위해서는 공부해야 한다.

이 책은 대한민국에서 내 돈을 지키기 위해 미래에 대한 이야기부터 시작하고자 한다. 미래를 알고 난 다음 시장의 어떠한 주체로부터도 내 돈을 지키는 연습을 해야 한다. 그래서 인생에서 돈을 잃을 수 있는 가장 큰 사건인 분쟁, 세금, 자산평가, 보험사고에 대해서 필자 나름의 관점에서 풀어내고자 한다. 저자는 돈과 관련해서는 없는 자격이 없고 지금도 관련 업무를 모두 소화하고 있다. 그 과정에서 쌓은 노하우를 압축적으로 전달할 것이다.

위기는 언제든 찾아올 수 있고 그 위기에 준비된 사람만이 살아남을 것이다. 위기에 더 강해지기 위해서 지금부터 함께 돈을 지키는 방법을 연구해 보자.

**- 곽상빈**

CONTENTS

## Part 3. 주식, 더욱 힘든 시장이 온다



## Part 4. 암호화폐, 인류 역사상 최대의 수익률을 보여주다

## Part 5. 경제 위기, 누구나 쉽게 예측할 수 있다

# Part 1.

# 대한민국 돈의 미래

I

# 고금리 시대와 저금리 시대

코로나19는 우리 삶의 많은 부분을 바꾸어 놓았다. 그전에는 마스크를 쓰지 않고도 생활하는 데 아무런 지장이 없었는데 지금은 마스크를 어디서나 쓰고 다니는 것이 일상이 되었다. 이뿐만 아니라 경제도 큰 영향을 받았는데 바로 양적 완화가 그것이었다. 코로나19로 인해서 경기 침체가 올 거라고 예상해 미국을 비롯한 많은 나라에서 돈을 시중에 풀기 시작했다. 그리고 저금리 시대는 지속될 줄만 알았는데, 2022년 미국 연방준비제도 의장인 파월은 금리 인상을 선언했다. 금리가 오른다는 것은 시중의 돈이 다시 은행으로 돌아간다는 것을 의미한다. 그리고 당연히 빚을 지고 있는 사람들은 이자 상환의 부담이 급격히 증가한다는 것을 의미했다.

2022년 6월, 미국과 유럽·영국 등 주요국 중앙은행 수장들이 '저금리·저물가' 시대가 막을 내렸다고 선언했다. 제롬 파월 미연방준비제도(Fed, 연준) 의장을 비롯한 중앙은행 총재들은 세계 경제가 코로나19 팬데믹과 우크라이나 전쟁 같은 지정학적 충격을 거치며 이전과는 전혀 다른 환경과 마주하게 됐다면서 심각한 인플레이션에 대응하고 자금 유출을 막기 위해 전 세계 국가들이 경쟁적으로 기준금리를 끌어올리는 모습을 이제 '뉴노멀'로 받아들여야 한다고 강조했다.

물가가 치솟고 있는 상황을 해결하기 위해서 금리를 올렸다. 금리를 올리면 가장 큰 문제는 대출이 감소하고 부채를 지고 있는 사람들의 부담이 커져서 투자가 감소할 수밖에 없다는 것이다. 자산 가격은 당연히 수요가 감소하는 만큼 감소할 것이며 주식시장, 부동산시장, 코인시장 할 것 없이 모두 폭락을 경험할 것이 자명했다. 그렇다. 모든 자산시장에서 자산 가격은 하락했다.

2023년 최근에는 미국 연방준비제도에서 물가가 2%가 될 때까지 고금리를 유지하겠다고 선언했다. 미국과 유럽의 인플레이션이 다소 둔화하는 가운데 중국의 리오프닝으로 글로벌 경제가 연착륙할 수 있다는 기대감이 높아지자 중앙은행들이 물가 상승률 2%를 달성할 때까지 고금리 정책을 유지한다는 입장을 연일 강조하며 '매파' 기조를 시장에 각인시키고 있다. 많은 경제 전문가들도 물가가 일시적으로 안정되더라도 고금리는 당분간 유지될 것이라 보고 있다.

## 90년대도 고금리 시대였다

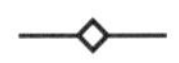

1992년 신문기사를 보면 금리 수준이 15%대로 낮아질 것이라는 전망이 나온다. 1998년 IMF 금융위기에는 금리가 20%대를 기록했으니

놀랄 만한 일도 아니다. 1995년 전경련 회장은 기자회견에서 세계화 시대를 맞아 정부의 재벌 정책이 전면 개편되어야 한다고 주장하면서 콜금리가 25%까지 오르는 현재의 상태에서 3~4%의 저금리인 다른 나라와 국제 경쟁을 하기는 매우 어렵다며 정부의 정책을 비판했다. 콜금리가 25%까지 오르다니, 이 당시는 당연히 저축하면 목돈을 모을 수 있는 수익 구조였다. 그렇다. 저축이 미덕인 사회였던 것이다. 그만큼 시중에 돈이 귀했다.

1999년 저금리 시대로 진입한다는 뉴스가 나오기 시작했다. 한 자릿수 금리로 진입했다는 것이다. 당시 LG경제연구원은 '저금리 시대의 6대 트렌드'라는 보고서에서 한 자릿수 금리 시대가 도래함에 따라 개인의 저축 성향 하락, 유가증권 투자의 증가, 기업의 원화 자금 의존도 확대 등 개별 경제 주체의 판도가 달라졌다고 보았다.

금리가 한 자릿수로 떨어진 이상 예금 가입이나 채권을 만기까지 보유하는 방식으로는 높은 수익을 얻기 어렵게 됐다. 따라서 주식이나 채권 등 유가증권을 쌀 때 사서 비쌀 때 팔아 자본 이득을 취하게 됐다. 이처럼 저금리 시대에는 주식 투자가 활성화되는 것은 당연하다. 다만 금리가 낮아지면 금리가 높은 해외로 자금이 이탈하기도 한다. 이 때문에 환율이 변동하는 것이다.

## 2000년대에 저금리 시대에 돌입하면서<br>자산시장의 판도도 달라졌다

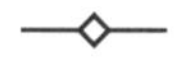

2000년대 들어서면서 금리가 5%대까지 낮아졌다. 과거 저금리 시대라고 하는 것이 2023년에 고금리 시대라고 하는 것과 금리 차이가

크지 않다. 저금리 시대는 상대적인 것이다. 저금리로 정책의 기조가 바뀌면서 코스닥 시장도 연속으로 상승세를 이어갔다.

심지어 2001년에 금리가 5%대로 낮아지자 투자 유망 부동산도 유행이 불기 시작했다. 상가주택, 업무용 건물이나 외국인 임대용 빌라, 부동산 투자신탁 등 다양한 매물에 관심이 집중되었다. 금리가 낮아지다 보니 2030세대에는 연 8% 정도의 수익률을 보장해 주는 보험상품이 인기를 끌기 시작했다. 금리가 낮아지면 예·적금 상품에 비해서 다른 상품들의 매력도가 높아진다.

미국과 일본에서 금리를 인하하면서 저금리 시대에 들어섰고 일본이 제로 금리에 가까워지면서 국내 자산시장에도 활기가 돋았다. 저금리 시대일수록 1% 수익률에도 자산 간의 이동이 잦아지고 세금에 민감해지는 것이 사실이다. 그래서 절세 상품에 대한 관심과 상품 개발도 활발해졌다.

## 저금리 시대가 되면서 수익성 부동산 시장에 훈풍이 불어왔다

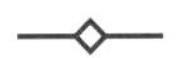

수익성 부동산에 대한 정확한 정의는 없다. 종전의 부동산이 묻어주기식이었다면 수익성 부동산은 가치를 저장하기보다는 개발, 이용의 개념이라고 보아야 할 것이다. 부동산을 직접 운용하거나 임대를 놓아 고정수익이 발생하는 상품을 포괄하는 의미로 통용된다. 고정수익은 통상 시중 회사채 이자율 이상을 내포하고 있다. 대표 상품으로는 오피스텔과 소형 주상복합아파트, 소형 아파트, 상가 등을 꼽을 수 있다.

오피스텔과 소형 주상복합아파트, 소형 아파트는 임대형 수익성 부동산에 속한다. 월세수익을 올릴수 있는 상품이다. 상가는 임대는 물론 운용 수익까지 기대할 수 있다는 점에서 복합형 상품이다. 비수익성 부동산도 취득 방법과 운용에 따라 수익형으로 만들어질 수 있다. 경매와 리모델링이 대표적이다. 경매로 단독주택을 취득해 이를 리모델링해서 다가구, 다세대주택으로 바꾸거나 상가로 개조하면 얼마든지 기대했던 수익을 거둘수 있다.

## 소형, 역세권, 저가 부동산도 관심을 받기 시작했다

이들 수익형 부동산의 공통점은 소형이면서 역세권에 위치하고 저가라는 것이다. 소형 아파트임에도 불구하고 교통이 취약한 외곽 지역에 있다거나, 역과 바로 인접해 있지만 30평 이상 중대형일 경우에는 임대수익을 올리기 어려운 게 현실이다.

세입자 입장에서는 매달 고정지출을 부담해야 하는 만큼 가급적 임대료와 관리비, 교통비가 덜 드는 역세권 소형 주택을 원한다. 부동산 소유자 입장에서는 저가에 취득해야 투자금 대비 수익률을 높일 수 있다. 지난해 이후 우리나라 시장의 큰손으로 자리 잡고 있는 외국인들이 빌딩 매입 가격을 장부 가격이 아닌 자체 평가기법에 기초해 낮게 산정하는 것도 이 때문이다.

저금리는 분명히 수익성 부동산의 입장에서는 호재다. 일반적으로 금리가 하락하면 부동산 투자에 따른 기회비용이 낮아진다. 부동산이 아닌 다른 자산에 투자해봤자 별다른 재미를 보지 못한다는 것이다. 이에 따라 부동산 투자가 확대된다. 실제 1999년 이전을 보면 아파트 매매 가격의 전년 동기 대비 증감률과 시중금리(회사채 수익률)는 반대 방향으로 움직였다.

## 앞으로 금리가 높게 유지될 경우 전략

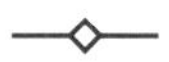

금리가 높게 유지될수록 기업들의 구조조정이나 파산 가능성은 높아진다. 그만큼 경제도 침체될 가능성이 높고 자산 가격이 낮아지고 거래도 위축될 것이다. 이럴 때가 오히려 현금을 보유하고 있는 자들에게는 기회이다. 현금을 보유하면서 초저가에 자산을 매수할 수 있기 때문에 자산을 보는 눈을 키우면 향후 큰돈을 벌 수 있다. 그리고 이자 비용이 클수록 다른 지출을 줄여야 한다. 금리가 높아지면서 분쟁도 늘어날 수밖에 없다. 기업의 파산과 현금흐름 위축이 가속화되면 그만큼 돈을 둘러싼 분쟁이 늘어나게 된다. 법을 제대로 알지 못하면 속수무책으로 당할 수밖에 없다.

게다가 기존의 자산시장에 높게 형성되어 많이 납부했던 세금을 다시 검토하여 환급받을 수 있다면 환급을 받아 현금흐름을 확보하는 것도 좋은 방법이다. 이를 위해 세무사나 회계사에게 문의해 경정청구나 조세 불복을 추진해 볼 수도 있을 것이다. 정부에서는 조세 혜택을 늘려 나가는 방향으로 정책을 변화시켜 왔고 세율도 매우 높게 진화해 왔으므로 지금이 세금 환급의 적기이다.

부동산 감정평가를 통해 절세하거나 자산을 이전하는 계획을 세우는 것도 좋은 시점이다. 특히 내 자산의 거래가 위축되어 있는 만큼 보유비용을 줄이기 위한 방안을 마련해야 한다. 그중에서 가장 크게 차이를 낼 수 있는 것이 세금이다. 상속에 대비해 미리 사전증여를 하거나 감정평가를 받아 재산을 이전할 준비를 하는 것도 좋은 방법이다.

‖ 곽상빈 회계사가 알려주는 Tip ‖

# 고금리 시대,
# 특화된 자산관리 전략에 대해서
# 좀 더 알아보자.

고금리 시대와 저금리 시대는 중앙은행의 기준금리 수준에 따라 결정된다. 기준금리가 높을 때는 고금리 시대로, 낮을 때는 저금리 시대로 분류된다. 고금리 시대는 경기 침체 상황에서 나타나며, 경기 회복에 따라 점차적으로 기준금리가 낮아지면서 저금리 시대로 이어진다. 이러한 시기에는 다음과 같은 경제적 특성을 보여준다.

**❖ 고금리 시대의 특성은 어떠한가?**

고금리 시대에서는 은행 예금, 채권 등 안전한 투자 수단의 수익률이 높아지기 때문에 수익을 추구하는 투자자들이 많아진다. 하지만 대출금리가 높아지면서 기업들이 자금을 조달하는 것이 어려워지고, 소비자들도 대출을 받기 어려워지기 때문에 경기 침체가 예상된다.

### ❖ 저금리 시대의 특성은 어떠한가?

저금리 시대에서는 예금, 채권 등 안전한 투자 수단의 수익률이 낮아지기 때문에 수익을 추구하는 투자자들은 위험자산인 주식, 부동산 등에 투자를 하게 된다. 또한, 대출금리가 낮아지면 기업들이 자금을 조달하기 쉬워지고, 소비자들도 대출을 받기 쉬워지기 때문에 경기 회복이 예상된다. 따라서, 고금리 시대에서는 안전한 투자 수단에 투자하는 것이 좋으며, 저금리 시대에서는 위험자산에 투자하는 것이 좀 더 유리한 것이 사실이다.

고금리 시대에는 이자율이 높아지면서 안정적이면서도 수익성이 높은 자산관리 전략이 필요하다. 이를 위해서는 다음과 같은 전략을 고려할 수 있다.

### ❖ 고정수익증권에 투자하기

고정수익증권은 이자율이 높아지면 그만큼 수익이 높아지는 특징이 있다. 따라서 고금리 시대에는 고정수익증권에 투자하여 안정적인 이자수익을 창출하는 것이 유리하다. 또한, 고정수익증권의 종류도 다양하기 때문에 투자자의 투자 성향에 맞는 종류를 선택할 수 있다.

### ❖ 대형주와 성장주에 투자하기

고금리 시대에는 대출금리가 높아지면서 소기업이나 중소기업의 경쟁력이 약화될 가능성이 있다. 이에 따라 대형주와 성장주에 투자하여 안정성과 성장 가능성을 모두 고려하는 것이 좋다. 특히, 대형주와 성장주 중에서도 안정적이면서도 수익성이 높은 종목에 투자하는 것이 좋다.

### ❖ 저평가된 지역의 부동산 투자하기

고금리 시대에는 대출금리가 높아지면서 부동산 가격은 하락할 가능성이 크다.

그렇기 때문에 이때가 기회가 될 수 있다. 저평가된 지역의 부동산 가격은 하락 폭이 클 수 있으며 저점을 찍었을 때 투자한다면 추후 이자율이 낮아지거나 호재가 발생할 경우 시세차익을 더 크게 노릴 수 있다.

### ❖ 외화 자산에 투자하기

고금리 시대에는 원화 대비 외화 가치가 상승할 가능성이 크다. 따라서 외화 자산에 투자하여 환율 변동을 통한 추가 수익을 창출하는 것도 좋은 전략 중 하나이다. 특히, 미국 달러 같은 안정적인 통화에 투자하는 것이 좋을 수 있다.

# 불황에서도 부동산은 아는 만큼 돈이 된다

경기 침체기에 어떤 투자가 가장 합리적인지는 단순히 투자 대상의 종류만으로 판단할 수 없다. 경기 침체기에도 부동산, 주식, 코인 등의 투자 대상에 따라 수익성이 크게 차이 나기 때문에 각각의 상황을 고려하여 투자해야 한다. 결국 부동산이든 주식이나 코인이든 투자 원리는 유사하고 그 방식이나 스타일만 다를 뿐이다. 다만 각각의 투자 종목 선정이나 투자 시기에 대한 기술을 공부하면 투자 수익률을 극대화할 수 있다.

일반적으로 경기 침체기에는 안정적인 수익을 제공하는 부동산이나 안정적인 우량주, 금이나 실물자산 등에 투자하는 것이 합리적인 선택일 수 있다. 하지만 개별적인 상황과 시장의 변화에 따라서 다르게 판단될 수 있다. 오히려 불황에 큰돈을 벌 수 있는 기회가 있고 실제로 불

황에 저점을 찍고 올라가는 사례가 많다.

부동산은 목돈이 들어가는 만큼 개발 호재나 뉴스에 영향을 많이 받고 정부 정책에 따라 가격이 크게 변동할 수 있는 만큼 더 많은 공부가 필요하다. 주식과 코인은 전체 경제시장에 앞서 투자자들의 예상과 심리에 따라 영향을 많이 받고 개별 종목의 변동도 즉각적인 특성이 있다. 또한, 사람의 성향에 따라서 투자 방식이 달라질 수 있다. 보수적인 성향을 가진 사람은 안정적인 수익을 추구할 수 있는 부동산이나 안정적인 대기업 주식에 투자하는 것이 적합할 수 있다. 반면에, 위험을 무릅쓰고 높은 수익을 추구하고자 하는 사람은 주식이나 코인 등의 고수익 대상에 투자하는 것이 적합할 수 있다.

하지만 어떤 투자 방식을 선택하더라도 항상 균형 있는 포트폴리오를 구성하고, 투자 대상에 대한 꼼꼼한 분석과 조사를 통해 결정하는 것이 중요하다. 또한, 자신의 금융 상황과 목표에 맞는 투자 방식을 선택하는 것이 중요하며, 전문가의 조언을 수용하고 자신의 판단과 결정에 대한 책임을 져야 한다.

우리나라의 자산시장은 매우 변동성이 크고 국내외 다양한 이슈에 따라 기회도 큰 편이다. 그래서 부동산에 투자할지, 주식이나 코인에 투자할지는 각각의 특성을 정확하게 알고 자신의 상황에 맞게 투자 전략을 세우는 것이 중요하다.

아래부터는 부동산, 주식, 코인 각각에 대한 구체적인 투자기법에 대해서 구체적으로 다루어 보겠다.

우리 주변의 부동산은 그대로인데 부동산 가격은 롤러코스터를 타곤 한다. 경제가 호황이고 금리가 낮았던 시절에는 부동산 가격이 고공행진을 했다. 그러다가 긴축재정 시기가 오면 여지없이 부동산 가격이 폭락한다. 아니, 거래가 없어진다는 말이 맞는 말일 것이다.

2020년부터 정부의 연이은 부동산 규제 정책으로 인해 부동산 시장이 혼란스럽지만, 대다수의 사람은 자금만 생기면 부동산 투자를 하고 싶은 열망이 가득했다. 2021년까지는 이를 반영하기라도 하는 듯 서울의 집값은 사상 최고치를 경신하면서 상승했다. 2021년 매매, 전세가 변동률은 전국적으로는 6.08%, 수도권의 경우 7.13%를 기록하면서 2020년 상승률의 2배에 달하고 있다(출처: 서울경제). 특히 아파트 매매가는 2020년에 비해 약 3배가량이 올랐음을 알 수 있고, 수도권은 2배, 서울은 상상하기 어려울 정도로 많이 올랐다.

부동산은 자산의 부동성과 고정성이라는 특성이 있어서 사라질 위험이 없고 분실의 위험도 없으며 가치 변동도 상대적으로 낮아 안정성 자산으로 알려져 있다. 그리고 지금 같은 시장에서 가격 상승의 이익을 누리려면 적어도 부동산을 적당한 곳에 하나쯤 소유하고 있어야 그 이익을 누릴 수 있다. 다만, 경제 침체기나 고금리 시대에는 부동산을 보유하고 있을 때 이자 비용을 감당하지 못할 가능성도 있기 때문에 신중해야 하는 것도 사실이다.

## 부동산 투자에는 주식과 코인에 없는 유동성 리스크가 있다

부동산은 무턱대고 투자를 하다가는 큰코다친다. 왜냐하면 부동산 거래를 하려면 등기수수료, 양도소득세, 취득세, 중개수수료 등 각종 비용이 발생하게 되고 생각보다 목돈이 묶이게 되어 당장 현금화하기 어려울 수 있다. 게다가 각종 규제를 모르고 투자를 했다가 생각보다 개발사업이 진척되지 않아 애를 먹을 수도 있다. 주식이나 코인은 하루에도 몇 번을 사고팔 수 있지만 부동산은 그러기 쉽지 않다. 이러한 특성 때문에 더 꼼꼼하게 공부하고 투자를 해야 하는 것이다.

돈이 무한정 있는 갑부가 아닌 이상 대부분 대출을 받아서 부동산 투자를 할 것이다. 부동산을 소유하고 있는 동안 당연히 이자도 갚아야 하고 원금도 갚는 것이 여러모로 비용 절감에 유리하다. 부동산 가격이 오르는 속도가 빨라서 이자를 가리고도 차익이 발생하면 다행이지만 돈이 묶여 있는 동안 생각보다 가격 상승이 일어나지 않으면 오히려 손해를 볼 수도 있다. 다른 데 투자했으면 그 이상의 차익을 볼 수도 있기 때문이다.

갭투자로 큰돈을 버는 것은 2021년 들어서부터 매우 어려워졌다. 우선, LTV도 낮아졌을 뿐만 아니라 보유세도 매우 강화되었고, 정부에서 연일 부동산 대책을 발표하면서 사실상 갭투자를 통해 주택을 수십 채나 소유하는 경우는 거의 불가능해진 것이다. 이제는 똘똘한 부동산 한두 채를 매입하여 잘 관리하고 임대수익을 얻거나 되팔아 시세차익을 보는 것이 가장 현명한 시대가 되었다. 부동산은 지역과 주변 환경도 중요하고, 개발되는 형태에 따라 다양한 가치를 창조해내는 유기체가 되었다. 주택, 상가, 토지 등 부동산의 형태에 따라서도 투자를 할 때 고려해야 할 요소나 절차, 거래방식도 상당히 다르다. 그리고 기존에 있던 주택을 사는지 혹은 재개발에 투자하는지, 분양권이나 입주권을 사는 것인지, 경매로 사는지 일반 거래로 사는 것인지 등에 따라 투자 전략도 상당히 달라진다.

세금도 매입단계, 보유단계, 처분단계 등에 따라 다르고 증여나 상속이 일어날 때의 세금도 다 다르다. 그만큼 절세 전략도 단계마다 생각해봐야 하는 문제인 것이다. 이처럼 부동산 투자를 위해서는 공부해야 할 부분이 굉장히 많다.

## 공부하고 준비하는 자만이 돈을 크게 벌 수 있다

나는 감정평가사다. 부동산 분야에서 최고의 권위를 가진다고 알려진 전문직이지만 실전 부동산 투자에 눈을 뜬 지는 오래되지 않았다. 대학생 때부터 주식 투자는 줄곧 해왔지만, 부동산 투자는 목돈이 들어가기 때문에 내가 할 수 없는 영역이라고 믿었던 것도 사실이다.

그런데 그전에 샀던 빌라가 재개발 구역으로 편입되어 입주권을 받게 되었고, 송파구에 지인들과 공동으로 꼬마빌딩에 투자하여 시세가 약 7억 정도 오르는 것을 경험하고부터 부동산만큼 제대로 공부하면 안전하게 돈을 벌 수 있는 분야도 없다는 것을 깨달았다. 물론 대출을 많이 받아서 투자하는 것은 위험하다. 이자를 가리다 보면 남는 게 없을 수도 있기 때문이다.

주식이나 코인은 변동성이 어마어마하지만 부동산은 비교적 안정적이다. 그리고 인플레이션만큼 지속적으로 가격이 상승하며, 실물이 존재하기 때문에 휴짓조각이 될 위험도 없다. 게다가 담보대출을 잘 이용하면 시드머니를 크게 들이지 않고도 투자를 시작할 수 있다. 누구나 부동산 투자를 할 수 있지만 누구나 시도를 하지 않을 뿐이다.

부동산 투자는 그냥 지인이 알려주는 정보로 투자하는 것이 아니다. 직접 주변 시세의 흐름도 보고, 현장에 가서 혹시 주변에 개발되는 사업이 있는지도 살펴보고, 인터넷을 통해 해당 지역의 발전 가능성, 상권이나 유동인구, 각종 이슈를 찾아보고 투자해야 확실한 수익을 올릴 수 있다. 발품을 파는 만큼 돈을 버는 분야가 부동산 투자인 것이다. 시중에 부동산 투자 서적도 많고 동호회나 카페도 인터넷에 상당히 활성화되어 있으며, 방송이나 강의도 많이 있다. 직접 찾아보고 공부하고 투자해야 실패할 가능성이 줄어든다. 책을 많이 보고 직접 사람들과 정보 공유를 하면서 알게 모르게 돈 버는 눈이 생기는 것이 부동산 분야다. 그리고 철저하게 공부하고 알아본 다음 투자를 하면 큰돈을 쉽게 벌 수 있는 것도 부동산이다. 반대로, 묻지마 투자를 했다가는 망하기 쉬운 것도 부동산 투자다. 왜냐하면, 부동산 투자는 대출을 받는다고 하더라도 상당한 목돈이 들어가는 것은 분명하고 처분이 되지 않을 경우에 그 빚은 고스란히 투자자의 부담으로 돌아간다. 그리고 가격이 떨어지는 지역도 실제로 존재하기 때문에 내가 들인 시간과 돈에 비해서 건지는 돈이 적을 가능성도 배제할 수 없다.

초반에 무리해서 투자금을 특정한 물건에 몰빵하는 것도 위험하다. 특히 아파트 분양권 같은 경우 프리미엄이 붙을 것을 기대하고 투자하는데 생각보다 세대수가 많으면 전세 세입자를 구해서 현금을 확보하거나 대출을 가리는 타이밍을 잡기 쉽지 않은 경우가 많다. 그사이 대출 이자와 세금은 눈덩이처럼 불어나서 결국 낮은 가격에 손해를 보고 파는 경우도 많이 보았다.

부동산 투자의 리스크는 결국 대출 이자 비용, 세금, 그리고 내 목돈이 묶여서 다른 투자 기회를 놓치게 되는 기회비용인데 생각보다 관리가 쉽지 않다. 그래서 실패를 하지 않으려면 최대한 언제 다시 팔거나 현금화를 할지, 세금은 얼마나 나올지, 대출은 가능한지, 이자 비용은 어느 정도인지, 다른 투자 대안은 없는지를 노트에 적어보거나 현금흐름표를 그려서 투자에 대해 면밀히 준비해야 한다.

## 부동산 투자 리스크 관리의 시작은 현금 유동성부터

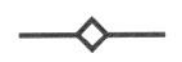

어떤 투자든 마찬가지로 부동산 투자도 현금이 우선 필요하다. 부동산을 대출을 끼고 사더라도 기초적인 시드머니는 있어야 대출금과 합해 투자가 가능하다. 요즘에는 LTV, DTI 규제 등 대출 규제가 강화되었기 때문에 더욱이 현금 유동성 확보는 가장 중요한 이슈이다. 게다가 매매가와 전세가 차이가 나지 않는 아파트를 사는 경우에 현금 여력이 남지 않으면 시세가 하락했을 때 전세금을 가리지 못해서 파산하는 상황을 경험할지도 모른다. 한창 갭투자가 유행하던 시절에는 강남에 아파트를 사고 전세를 놓고 그 전세금으로 다른 아파트를 사는 방식으로 투자를 하는 경우가 많았다. 이러한 투자는 부동산시장이 호황일 때는 전세보증금보다 부동산 시세도 오르고 처분도 잘 되기 때문에 큰 문제가 없고, 돈도 크게 벌 수 있다. 일종의 레버리지 효과로 인해서 부동산 가격이 오르는 것에 비해 수익률은 몇 배로 뛰게 된다.

그러나 갭투자를 잘못했다가는 부동산 가격이 하락하면 정말 순식간에 파산을 경험할 수도 있다. 전세금을 돌려주기 위해서 부동산을 처분해도 갚지 못하는 상황이 충분히 벌어질 수 있는 것이다. 주택만 리스크가 있는 것은 아니다. 상가의 경우 월세 수익을 목적으로 투자했는데 생각보다 세입자를 구하지 못하거나 장기간 공실 상태로 방치되어 대출 이자 비용만큼의 손실만 누적될 수도 있다. 게다가 상가는 잘 팔리지 않는 경우도 많아서 현금 유동성은 더 중요하다. 세금을 낼 현금이 없어서 체납자가 되는 경우도 있기 때문에 여윳돈을 항상 생각하고 투자하는 것이 필요하다.

## 부동산 투자도 시기별로 전략이 다르다

단기 투자는 내가 투자금을 내고 부동산을 매수하는 시기와 부동산을 처분하는 시기가 짧은 경우를 말하고, 장기 투자는 투자금을 회수하는 기간이 상대적으로 긴 경우를 말한다. 만약 특정 물건에 투자했는데 그 일대에 호재나 행정계획이 장기적으로 잡혀 있고, 유동인구도 늘어나고, 지속적으로 개발이 되고 있다면 장기 투자를 염두에 두고 수익률을 높게 계획하는 것도 필요할 수 있다. 다만, 여윳돈이 없는데 장기 투자를 계획하는 것은 오히려 더 좋은 기회를 놓치는 셈이 되므로 주의해야 한다. 그래서 초기에는 단기 투자를 통해서 저평가된 부동산을 알아보고 매물이 있는 경우 투자하여 약간의 수리나 인테리어 개선을 한 후에 단기에 시세차익을 목표로 처분하는 것이 유리하다. 이렇게 몇 번 투자를 해서 시드머니가 어느 정도 확보된 이후에야 장기 투자용으로 큰 물건에도 베팅해 볼 수 있는 것이다.

아무리 수익률이 높다고 해도 1년 혹은 보다 단기간으로 환산해 보는 습관을 들이는 것이 중요하다. 예를 들면, 부동산 가격이 2배로 올라서 수익률 100%를 얻었다고 하더라도 10년이 걸렸다면 1년 수익률은 10%에 불과하다. 그러나 지금 사서 1년 후에 30% 정도 오른 값에 처분할 수 있다면 이러한 투자가 훨씬 위험도 덜하고 가성비가 좋은 투자라고 할 수 있다. 생각보다 이러한 처분 시기, 즉 엑시트(Exit) 시기를 생각하지 않고 투자하는 경우가 많고, 그러면 상대적으로 손해를 볼 가능성도 높다.

보통 엑시트 시점은 부동산 시장이 호황이어서 누구든 부동산을 매입하고자 하는 시점이 최적의 타이밍이라고 볼 수 있다. 누구든 부동산을 매수하려고 한다는 것은 그만큼 부동산 가격에 버블이 형성되어 있다는 의미다. 즉, 부동산 시장 가격이 오를 만큼 올랐거나 조만간 가격 조정이 올 수도 있다는 의미다. 따라서 고가라고 판단될 때를 잘 파악하여 매도하는 것이 좋다.

## 직접 찾아가고 눈으로 보면 투자가 안전해진다

요즘에는 프롭테크가 발전해서 여러 가지 어플을 통해 내가 원하는 지역의 부동산 시세와 매물을 쉽게 찾아볼 수 있다. 특히 많이 이용하는 사이트가 네이버나 다음의 부동산 코너다. 나 같은 경우에는 네이버 부동산을 많이 이용한다. 아래는 네이버 부동산(https://land.naver.com)의 첫 화면이다.

그런데 진짜 좋은 물건 혹은 급매물건은 부동산 앱이나 인터넷 사이트에 올라오지 않는다. 나는 과거부터 부동산 중개인들과 협업할 기회가 많았는데 중개사들이 항상 하는 이야기가 있다. 좋은 매물은 인터넷에 올리지 않고 자기들만 가지고 독점적으로 중개를 한다는 것이다.

중개사들도 바보가 아닌 이상 경쟁자들한테 매물이 노출되어 다른 중개사가 해당 거래자와 접촉해 가로채는 것을 원치 않기 때문에 물밑에서 관리하는 매물이 상당히 많다.

그래서 손품을 팔아서는 진정한 매물을 찾기 힘든 것이다. 특히 시세보다 몇억이나 싸게 내놓는 급매는 올라오자마자 바로 거래될 확률이 높다. 만약에 인터넷으로 일주일 혹은 2주 안으로 거래되지 않는 경우에는 좋은 물건인지 의심해볼 필요가 있다. 말도 안 되게 싸게 내놓는 물건은 중개사들만 아는 경우가 많기 때문에 직접 현장의 중개사들과 상담을 하고 친분을 쌓으면서 투자를 하는 것이 좋다.

중개사 입장에서는 엄청나게 좋은 매물이 나오면 본인이 먼저 투자하거나, 가족이나 친지에게 추천해 매매하도록 할 것이 분명하다. 그리고 남은 물건을 친한 지인이나 친한 고객에게 추천하고 그래도 남는 경우에 네이버 부동산 등에 올린다고 보면 된다. 그래서 프롭테크와 인터넷 매물만 강조하는 것은 제대로 된 투자를 모르고 하는 소리가 많다.

## 부동산 투자에도 원칙이 있어야 한다

2017년부터 2021년까지 수도권과 지방 모두 부동산 가격 상승이 랠리를 보여왔다. 이러한 부동산 상승세 때문에 지금 아니면 집을 평생 못 살지도 모른다는 심리로 패닉바잉을 하는 경우도 많이 봤다. 물론 2022년 말부터 금리가 많이 오르면서 부동산 거래가 끊기고 가격도 침체기에 들어섰으나 여전히 부동산에 대한 관심은 유지되고 있다.

부동산값이 오르면 신나서 투자하고, 부동산값이 떨어지면 부동산

집 사려는 사람 점점 줄어…서울 매매수급지수 29개월래 최저

등록 2022.02.18 09:37:52 | 수정 2022.02.18 09:47:41

한국부동산원 2월 둘째 주 통계
서울 14주 연속 팔려는 사람 많아
서울 전세수급지수도 추가 하락

[서울=뉴시스] 강세훈 기자 = 서울 아파트 매매시장에서 사려는 사람이 줄어들고 팔려는 사람이 점점 늘어나고 있다.

18일 한국부동산원 주간아파트동향에 따르면 이번 주(14일 기준) 서울 아파트 매매수급지수는 87.8을 기록해 지난주 88.7보다 0.9포인트 하락했다. 이는 지난 2019년 7월22일(87.2) 이후 2년7개월 만에 가장 낮은 수준이다.

서울 아파트 매매수급지수는 지난해 11월 15일 100 밑으로 떨어진 후 이번 주까지 14주 연속 수요 보다 공급이 많은 상태가 이어지고 있다. 최근 서울 집값 하락세가 강북권에서 강남권으로 확산하자 매매심리가 더욱 위축된 것으로 풀이된다.

투자를 접는 건 바보 같은 짓이다. 그래서 부동산시장의 생리를 이해하고 기회를 포착할 수 있는 투자 원칙이 필요한 것이다. 아무리 상승세가 높다고 하더라도 한 번은 주춤하는 시기가 온다. 그럴 때 저가 매수를 할 수 있고, 이럴 때가 기회이다. 그렇다고 하락장에서 덜컥 집을 살 경우에 낭패를 볼 수 있으니 더욱 신중하게 직접 발품을 팔고, 중개

사에게도 자주 문의하면서 알아볼 필요가 있다. 꾸준히 공부하다 보면 누구나 집을 살 수 있는 기회가 온다. 나도 평생 집을 못 살 줄 알았는데 생각지도 못하게 저가에 빌라를 매수하여 지금은 아파트 입주권을 획득했다. 기회를 잡기 위해서 공부해야 하고, 부동산을 잘 알기 위해서 계속 관심을 가져야 한다. 지속적으로 이러한 과정을 거치다 보면 자연스럽게 투자에 대한 원칙이 세워질 것이다.

## 집을 사려면 무엇보다 지역을 보라

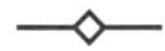

부동산 가격을 결정하는 요인 중에서 가장 영향력이 큰 것이 지역이라고 볼 수 있다. 지역마다 상권이나 인구분포도 다르고 활용도도 각기 다르다. 그렇기 때문에 집을 사려고 하면 어느 동네를 살지부터 고민하는 것이 맞다. 우량한 지역일수록 가격 상승폭은 크고 가격이 하락하더라도 그 하락이 적다. 사람들이 강남 주택을 선호하는 이유가 여기에 있다. 내 집 마련도 위험을 줄이고 수익은 극대화하는 과정의 일환이기 때문이다.

그리고 지역을 결정했다면, 직장과 가까울수록 좋고 작은 골목 안쪽보다는 대로변과 접근이 좋은 주택을 선택하는 것이 유리하다. 그리고 지하철역이나 버스정류장과 가까운 역세권일수록 집값 상승 가능성이 높고, 유동인구가 많은 곳이 투자성에 있어서 유리하다.

# 불황일수록 주식 투자는 다시 기본기에 집중하라

나는 『주식 투자 100문 100답』과 『주린이를 위한 친절한 주식공부』를 출간했고 주식 관련 강연과 강의를 수도 없이 해왔다. 주식 투자는 당연히 호황기에는 어떤 종목을 사도 대체적으로 수익을 내기 좋고, 불황기에는 어떤 종목을 사도 손실을 볼 가능성이 크다.

다음은 코스피지수의 10년 동안의 흐름을 나타낸 그래프다. 2019년 코로나19에 바닥을 찍은 이후에 코스피지수는 급격하게 증가세를 이어왔고 2021년 들어 3,000을 넘어서면서 고공행진을 이어갔다. 그러다가 2022년 금리 인상 발표 이후부터 감소하여 2023년에는 조정기에 있다.

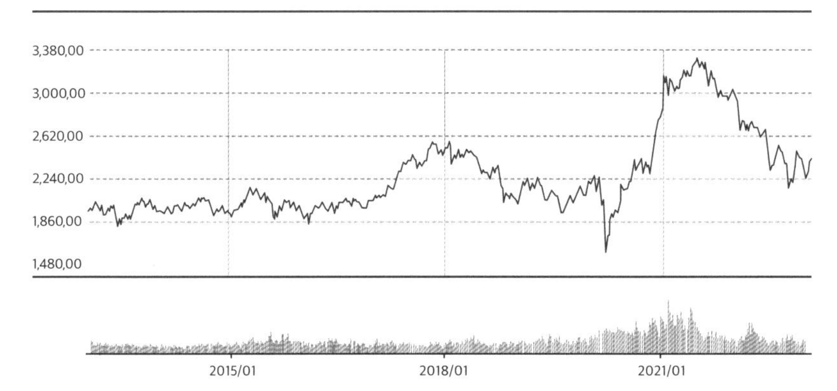


2021년 고점에서 주식 투자를 시작한 주린이들은 2022년부터 하락하는 주식시장의 흐름 때문에 한동안 속앓이를 했을 것이다. 주식으로 마이너스 50% 수익률을 기록한 친구들을 보면 대부분 주식을 2021년 시장이 좋을 때 매수한 경우가 많았다. 국내 주식뿐만 아니라 미국 주식도 마찬가지 상황이다. 금리 인상은 주식시장에 치명적인 신호다. 돈이 주식시장에서 빠져나가기 때문에 그만큼 가격도 빠진다.

이럴수록 기본기에 충실해야 살아남는다. 아니, 주식으로 돈을 벌 수 있는 기회도 이럴 때 저점에서 매수하는 것이다. 저점이 언제인지, 개별 종목의 매수 타이밍이 언제인지 아는 것만큼 중요한 주식 투자 기술은 없다. 주식 투자를 하기 전에 미리 주식 공부를 해야 하는 이유가 여기에 있다. 정확하게 주식시장과 개별 종목을 분석할 수 있다면 매수와 매도 타이밍을 스스로 결정하고 여유 있게 투자를 이어갈 수 있다. 시장의 흐름과 경제를 예측하면서 투자하는 것만큼 안정적인 투자 방법도 없다. 단순히 지인이 추천한다고 종목에 투자했다가는 재산을 날리기 쉽다.

## 고금리 시대, 오히려 기본기가 탄탄하면 이때가 기회다

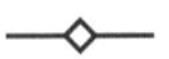

코로나19 확산은 우리 삶을 많이 바꿔놓았다. 팬데믹 사태 초반에는 주가가 곤두박질쳤고 주식시장은 폭락을 향해 달려가고 있었다. 그런데 재미있는 건 그 엄청난 하락장에서 개미투자자들의 끝없는 주식 매수였다. 이에 동학개미운동이라는 신조어까지 탄생했다. 동학농민운동을 패러디한 이 신조어는 외국인과 기관 투자자에 늘 당하기만 했던 개인 투자자들이 이번에는 잘 맞서 싸웠다는 의미를 내포한다.

우리나라 주식시장은 주로 외국인 투자자들이 좌지우지했다. 그런데 코로나 팬데믹 이후 갑자기 개미투자자들의 자금 규모가 늘면서 개인 투자자들이 시장을 움직이기 시작했다. 이는 주린이들의 유입이 갑자기 많아진 결과이다. 그래서 위험도 커진 것은 사실이다. 그렇기 때문에 주식은 공부를 꾸준히 하면서 내공을 통한 투자를 늘려가야 한다. 한 번에 몇억을 투자하는 방식으로는 오래가기 힘들다.

아직도 주식만 한 투자처는 없다. 월급생활자는 급여의 일정 부분을 투자 수단에 관계없이 투자해야 미래에 목돈을 마련할 수 있다. 이는 일시적으로 금리가 올랐다고 해도 마찬가지다. 투자 없이는 부자가 될 수 없다. 2023년부터 투자를 한다고 해도 매달 50만 원씩 연수익률 5%의 증권에 투자할 경우 10년이 지난 2033년이 되어야 1억 원을 만들 수 있다. 1억 원이라는 돈은 매달 50만 원씩 10년이나 투자해야 손에 들어오는 금액이다.

종합지수의 증가 역사만 보아도 주식만 한 투자처를 찾기는 어렵다. 주식시장은 종합지수가 대변하는데, 코스피 종합주가지수는 과거 1,035.7원에서 시작해 2021년 3,000원을 돌파했고, 2023년에는 주춤하여 2,300원 이상을 유지하고 있으나 앞으로도 경제 성장과 함께 증가할 것임에는 분명하다. 주식에 묻어두면 재산이 성장하는 것이다.

## 연봉에 따라 투자 방식은 달라야 한다

근로소득자는 직종과 연차에 따라 연봉이 천차만별이다. 연봉에 따라 매달 연금 흐름이 달라지므로 그에 따른 투자 전략도 달라야 한다.

연봉이 2천만 원이 안 되는 근로소득자라면, 월 50만 원 정도를 투자해 볼 것을 추천한다. 주식은 시작부터 큰돈을 벌기는 어렵다. 그러나 자산 포트폴리오를 일찌감치 구축해두면 미래에 큰 자산이 형성된다. 처음부터 주식으로 돈을 벌기는 힘든 월급 수준이지만, 3~4년만 매월 50만 원씩 주식 종목을 모으면 어느새 3천만 원 이상의 포트폴리오를 만들어낼 수 있을 것이다. 게다가 포트폴리오는 가만히 있지 않고 추가로 배당이나 무상증자 등을 통해 재산을 불려 더 큰 재산을 벌어다 준다. 분산투자로 위험을 좀 더 줄이고 싶다면 지수펀드와 주식에 일정 금액을 나누어 투자하는 것도 좋은 방법이다.

연봉이 3~4천만 원 정도인 근로소득자라면, 5년 안에 1억 원을 만들 수 있다. 매달 100만 원씩 투자하면 수익률이 5%만 나와도 5년 안에 1억 원이 모인다. 주식은 분산투자만 제대로 해도 최소 5% 이상 최대는 200% 이상의 수익도 가능하다. 실제로 과거 바이오주식에 투자해서 1,000% 이상의 수익을 올린 것을 많이 보았다.

연봉 5천만 원 이상의 근로소득자는 투자 금액을 유연하게 늘릴 수 있다. 조금 절제한다는 생각으로 초반부터 200만 원씩 투자 금액을 설정해 3년만 투자하면 3억 원은 거뜬히 모인다. 은행 적금 상품보다는 주식시장을 통해서 분산투자하는 것이 재산 형성에 유리하다. 고금리 시대에도 은행보다 수익률을 극대화할 수 있기 때문이다.

## 부자가 되고 싶다면 주식 공부는 필수다

월급을 받으면 매월 지출액을 일정하게 통제하고 나머지는 무조건 주식을 하나씩 사는 것을 추천한다. 어차피 써버릴 돈이라면 말이다. 이것을 습관화하면 놀라운 효과가 발생한다.

내 주변에는 주식 투자로 5억 원 이상을 번 선배도 있고, 어릴 때부터 주식을 사기 시작해서 부자가 된 친구도 있다. 이들의 이야기를 들어보면 하나같이 월급에서 일정 금액을 떼서 좋은 주식을 매수하는 데 썼다. 부자들은 주식을 사서 파는 물건으로 생각하지 않고 그 기업의 미래와 꿈이라고 생각한다. 그래서 부자들은 좋은 기업의 주식을 사서 모아둔다. 그들에게 주식을 수집하는 행위는 곧 그 기업의 미래를 함께 나누는 일이다.

# 가상화폐의 진화는 계속될 것인가

가상화폐란, 인터넷이 연결된 어느 곳에서나 사용할 수 있는 새로운 화폐라고들 말한다. 사람마다 가상화폐, 암호화폐, 가상자산, 코인 등 부르는 용어가 제각각이지만, 지칭하는 대상은 모두 같다. 법률 용어로는 가상자산이 맞다. 가상화폐는 2009년 처음으로 등장했다고 하는 만큼 아직 우리에게 익숙한 개념은 아니다.

블록체인 기술을 활용해 탄생한 가상화폐는 인터넷을 통해 세상을 바꿀 만큼 대단한 존재로 취급되고 있고, 지금도 투자의 대상이자 연구의 대상으로 삼고 있다. 별도로 통제하는 주체가 없이 사용자가 인터넷으로 타인에게 가상화폐를 안전하게 이전시킬 수 있고 이를 통해서 다양한 거래가 가능하다는 점에서 잠재력이 무궁무진하기 때문이다. 현재는 공공과 민간 기업이 블록체인에 주목하며 이를 산업에 접목하려는 시도를 이어가고 있다.

가상화폐의 가장 큰 특징은 탈중앙화에 있다. 즉, 중앙 관리자가 존재하지 않는데 화폐라는 이름을 사용하는 것이다. 어떤 금융기관이나 정부도 가상화폐 운영을 통제하지 않아서 그 가능성이 무한한 것이다. 물론, 최근에는 가상자산에 대한 세금 및 금융 정보와 관련한 다양한 규제가 도입되고 시행을 앞두고 있으나 그렇더라도 탈중앙화의 개념 자체를 바꾸는 것은 아니다. 통제하는 관리자가 없고, 특정한 서버도 필요하지 않아 오히려 안정적인 네트워크 구축이 가능하고 데이터를 해킹해 악용하는 것은 더 어려워졌다. 가상화폐는 블록체인을 기반으로 거래되므로 관리자가 없더라도 거래의 발자취가 남게 되고 끊임없이 그리고 안전하게 거래될 수 있는 것이다.

## 가치 저장 기능이 우세하다

가상화폐가 법정화폐(fiat)처럼 기능할 수 있는지에 대한 관심이 뜨겁다. 앞서 설명한 것처럼 가상화폐는 탈중앙화되어 인터넷만 연결되면 언제 어디서나 교환의 매개체 역할을 할 것처럼 보이기 때문이다. 가상화폐가 화폐처럼 사용되기 위해서는 몇 가지 조건이 충족되어야 한다. 화폐의 역사에서 그 조건들을 따져보자. 초기 인류는 조개껍데기를 화폐로 사용했는데 조개껍데기 자체로는 아무런 경제적 가치가 없다. 조개껍데기는 가치 저장보다는 교환 기능에 중점을 둔 화폐였다.

지금 우리가 사용하고 있는 지폐나 동전도 기능적 측면에서는 조개껍데기와 다를 것이 없다. 교환의 기능만 수행하고 있기 때문이다. 따라서 가상화폐도 교환 기능이 있다면, 화폐로서 충분히 기능할 수 있을 것이다. 다만, 지금의 가상화폐는 교환 기능보다는 가치의 저장 기능, 그리고 일종의 투자 대상이 되어버린 것이 현실이다. 가상화폐는 교환 기능만 지닌 법정화폐와 그런 점에서 차이가 있다. 가상화폐가 지금은 코인 투자처럼 투자 자산으로 인식되고 있지만, 법정화폐처럼 교환 기능도 한다. 특히 해외 송금은 가상화폐가 더 빠르고 저렴하다.

이런 차이는 현실적으로 무엇을 뜻할까? 이는 가상화폐를 회계에서 어떤 자산으로 분류하는지의 문제와 직결된다. 국제회계 기준에서는 가상화폐를 사용 용도에 따라 통상 무형자산으로 규정하고, 이를 사고 파는 가상자산 사업자에게는 재고자산으로 회계 처리하도록 규정하고 있다. 학계에서는 가상자산도 주식처럼 금융자산으로 분류하자는 견해가 있는 것으로 보아 완전한 화폐로 기능한다고 단언하기는 어렵다. 그런데도 거래의 수단으로 사용될 수 있다는 점에서 앞으로의 가능성은 열려 있다.

## 법정화폐의 대안이 될 수 있나?

가상화폐는 현재 투자 대상으로 주로 통용되고 있지만, 일부 국가에서는 법정화폐처럼 교환 기능도 한다.

그럼에도 일부 국가에서는 비트코인 같은 가상화폐가 중앙은행이 발행한 법정화폐의 대안으로 주목받고 있다. 특히 정치, 경제적으로 불안한 나라의 경우, 국가가 보장해주는 화폐는 신용이 절대적이지 않고 별 의미가 없기 때문이다. 화폐 가치가 시장의 가치와 상관없이 크게 요동친다면 누가 중앙은행에 돈을 맡기겠는가?

신용이 불안한 나라의 경우, 오히려 가상화폐가 통화 수단으로 더욱 안정적일 수 있다. 가령, 비트코인은 전 세계적으로 통화량이 정해져 있고 세계 어딜 가나 동일한 가치로 거래된다. 그리스, 스페인, 아르헨티나, 키프로스 등 재정 위기를 겪는 동안 이 나라에서 비트코인이 지급 수단으로 환영을 받을 때가 있었다. 실제로 키프로스가 구제금융을 받게 되자 이 나라에 대거 비트코인이 몰리고, 아이슬란드에서는 경제 위기로 외환 거래가 금지되자 오로라코인이 유통되기도 했다.

## 가상화폐는 다양한 활용 기능을 가지고 있다

### 1) 획기적인 발명품, 스마트 컨트랙트!

블록체인과 가상화폐를 접하다 보면 '스마트 컨트랙트(Smart Contract)'라는 말을 흔히 듣게 된다. 스마트 컨트랙트 혹은 스마트 계약이란, 쉽게 말해 컴퓨터 프로그래밍 언어로 이루어진 전자계약을 뜻한다. 특히 블록체인과 가상화폐에서 응용되는 스마트 컨트랙트는 사전에 약속된 조건을 충족하면 자동으로 계약이 실행되도록 하는 획기적인 기능을 가진다.

스마트는 기술에, 컨트랙트는 법에 관련된 표현이므로 스마트 컨트랙트는 기술과 법을 융합한 용어라고 말할 수 있다. 스마트 컨트랙트를 기술적인 관점에서 보면, 유효성을 보증하면서 계약을 보존 및 이행하기 위한 프로그램 또는 코드라고 이해할 수 있다. 스마트 컨트랙트에는 분산원장기술로 실현되는 계약과 그렇지 않은 계약이 존재한다. 여기서 분산원장기술(DLT: Distributed Ledger Technology)이란, 탈중앙화된 P2P 네트워크에 참여하는 노드들이 암호화 기술을 이용해 거래 정보를 검증하고 합의한 원장을 공동으로 관리하는 기술을 말한다. 쉽게 말해, 블록체인상에 참여한 개인 컴퓨터들이 거래 장부인 원장을 공동 관리하는 기술을 분산원장기술이라 한다. 이런 의미로 사용되는 스마트 계약은 법적 의미가 있는 계약뿐만 아니라, 사내에서 데이터베이스의 실행 프로세스 통제에 관한 것 또한 될 수 있다.

스마트 컨트랙트의 주요 쟁점은 법과 경제학의 관점에서 계약으로 성립되기 위해 어떻게 디자인되어야 하는지, 전통적인 법의 관점에서 특정 기술로 구현된 계약은 성립될 수 있는지, 유효성이 존재하는지에 해당하며 이 문제는 현재 진행형이라고 볼 수 있다.

### 2) 스마트 컨트랙트의 사용 영역

스마트 컨트랙트가 가장 빠르게 적용되는 분야는 블록체인과 가상화폐이다. 특히 이더리움(ETH)은 블록체인 기반으로 스마트 컨트랙트를 사용할 수 있도록 개발된 가상화폐이다. 블록체인 기반의 스마트 컨트랙트에서는 데이터와 기록에 근거해 계약이 자동적으로 실행되고 누구나 그 데이터를 파악할 수 있어 자의적인 계약 이행이 어렵다.

다시 말해, 스마트 컨트랙트란 블록체인의 분산원장기술로 작성된 스마트 계약서에 계약 조건을 기술해 그 조건이 충족될 시 자동으로 계약이 집행되도록 한 것을 말한다. 이런 기능을 탑재한 이더리움의 경우 계약 조건이 충족되면 가상화폐가 송금되며, 가상화폐가 송금되었다는 것은 반대로 계약이 성립했음을 의미한다. 이처럼 스마트 컨트랙트 기술은 블록체인 영역에서 비즈니스를 좀 더 효율적이고 안전하게 수행하도록 하는 중요한 역할을 수행한다.

## 가장 무서운 특징은 24시간 무한정 국경 없는 거래

가상화폐는 화폐의 기능을 하므로 전 세계 언제 어디서나 24시간 거래할 수 있다는 특징이 있다. 이른 새벽에 가상화폐 등락폭이 커질 게 예상되면 밤잠을 설치는 투자자들이 많은 이유다. 이는 매매 시간이 제한된 주식과 큰 차이점이다.

우량 종목을 발굴해 투자하는 방식은 주식과 가상화폐가 비슷하지만, 무엇이 우량 종목이냐를 판단하는 방식에서는 차이를 보인다. 주식은 해당 종목의 재무제표와 업종 이슈를 살펴보고, 다양한 뉴스와 도구를 이용해 성장 가능성을 분석해 우량 주식을 찾아낸다. 그러나 가상화폐는 재단(foundation)에서 발행한 백서(White Paper)와 개발 및 마케팅 이슈를 분석해 좋은 종목을 발굴한다. 가상화폐의 백서와 각종 이슈들은 해당 재단의 홈페이지와 거래소 등에서 찾아볼 수 있다.

가상화폐는 매매 후 곧바로 각국 거래소의 화폐로 바꿀 수 있지만, 주식은 D+2일 인출이라는 제도 때문에 바로 현금화할 수 없다. 이 같은 여러 차이에도 불구하고, 투자자 입장에서 주식과 가상화폐의 가장 큰 차이는 상한가와 하한가의 존재 여부라고 보인다.

주식은 매일 상한가와 하한가가 존재해 가격 변동폭을 줄여주는 역할을 하고 비정상적인 심리 요인을 일부 완화해준다. 그러나 가상화폐는 상한가, 하한가라는 제도가 없어서 불안정한 투자 심리나 각종 뉴스에 따라 가격이 하루에도 몇 번씩 크게 요동칠 수 있다. 24시간 거래 가능하다는 점도 가상화폐의 가격 변동에 큰 영향을 미친다.

이런 차이점은 가상화폐 투자자들에게 득이 되기도 하고 독이 되기도 한다. 주식보다 가상화폐 투자자 중에 벼락부자가 많은 게 사실인

한편, 원금을 잃는 가상화폐 투자자가 더 많은 것도 사실이다. 가상화폐 시장은 파생상품 시장보다 더 위험하다고 보기는 어렵지만 리스크가 매우 큰 시장임에는 틀림없다.

# 인구 감소와 돈의 흐름

대한민국 인구가 감소하면서 고령화는 더 심화될 것이다. 즉, 정년이 연장되어 노령 인구의 근로기간이 길어질 것이 분명하다. 정년 연장으로 기업은 노령 인구 활용을 고민해야 한다. 정부도 기업이 실제로 고령 인구를 계속 고용할 수 있도록 인센티브와 패널티를 적절히 활용하여 정책적인 조정을 하는 것이 좋다.

대한민국은 저출산으로 인하여 이제는 고령자를 부양할 인구가 급하게 감소할 것이 자명하다. 원래는 청년 인구가 열심히 일을 해서 고령자를 부양하는 구조였지만 이제는 그 구조가 깨질 것으로 보인다. 세금도 젊은 세대에서 걷어 고령자들에게 복지로 사용해 왔는데 그 부담이 더 커지는 구조가 된 것이다. 이러한 상황에서는 지금의 복지, 조세 정책, 산업 정책이 모두 지탱되기 어렵다. 청년 인구의 감소와 그들의 세금만으로는 지금까지의 부양 형태를 유지할 수 없다. 그러면 지금 상황에서는 복지혜택을 줄이면서도 세금을 더 걷는 방법 외에는 다른 방안이 없다. 그런데도 우리는 고민을 하면서 지속적으로 토의만 하고 있다.

근본적인 문제를 해결하기 위해서는 결국 중년층부터 장년층까지 고용을 유지하면서 생산을 지속하는 것밖에는 달리 대안이 없다. 기존의 정년을 연장하여 생산 가능 연령을 높여야 하는 것이다. 연금을 줄 수 있는 연령도 높이고 그만큼 일하는 연령도 높여야 지금의 연금자산을 유지할 수 있다. 이를 위해서 정부가 정년을 연장하기 위해 각종 인센티브 제도를 도입할 것이고, 이에 청년들의 반발이나 일자리 충돌이 생길 수 있다. 실제로 최근에 청년들에 대한 세제 혜택에 이어 50세 이상의 중년들에 대한 세제 혜택도 신설되었다.

조심스러운 예상이지만 세금은 계속 증가할 수밖에 없다. 생산 가능 인구가 줄어드는데 부양해야 하는 장년층은 많아지기 때문에 그 재원으로서의 세금은 늘어날 수밖에 없다. 현역 인구들이 세금을 더 내야 지금의 복지 수준이 그나마 유지될 수 있게 된다. 결국 세금을 늘려야 하는데 지금의 소득세율은 역대 최대치이고 너무 높다는 비판도 이어지고 있다. 그렇다고 법인세를 높이자니 저항이 클 것은 분명하다. 그래서 간접세인 부가가치세 등을 높이는 방안이 검토되고 있는 것이다. 지금 부가가치세는 10%인데 선진국보다 그리 높은 수준이 아니므로 올릴 수 있는 여력은 아직 있다고 본다.

당연히 사회보험으로 일컬어지는 국민연금, 건강보험, 장기요양보험 등 보험료가 많이 상승할 것이라는 전망도 나온다. 국민연금, 산재보험, 국민건강보험, 고용보험, 노인장기요양보험이 모두 오르게 되면 열심히 일하는 노동인구의 부담은 커질 수밖에 없다. 국민연금을 제외하고는 이미 다른 보험재정은 적자이다. 그래서 앞으로는 더 걷는 방향으로 사회보험 제도가 개편될 것이다. 이처럼 세금과 사회보험료가 높아지게 되면 반대로 이를 절감할 수 있는 정책이나 방안에 대한 공부가 되지 않으면 세금 폭탄을 맞을 가능성도 커진다. 그래서 세금 공부와 투자, 경제 공부를 해야 하는 것이다.

# 한국 부동산의 정해진 미래

우리나라의 많은 사람이 부동산 투자로 흥하기도 하고, 또 망하기도 했으나 여전히 부동산은 우리에게 익숙한 투자 자산 중 하나이다. 필자가 주식 투자를 처음 배우기 시작한 10여 년 전만 해도 많은 사람들이 주식 투자는 도박과도 같다며, 주식 투자하다가 인생 망가진다는 식의 얘기를 하곤 했다. 부동산은 안전하고 돈도 되는 데에 반해서 주식은 굉장히 위험도가 높은 자산으로 바라보았던 것이다. 주식 투자에 열광하던 지난 3년과는 사뭇 다른 분위기다.

보통 주식으로는 돈을 못 벌었어도 부동산으로 번 경우는 주위에서 어렵지 않게 찾아볼 수 있다. 왜 그럴까? 바로 '경제 성장'과 '장기 투자' 때문이다. 경제가 성장하는 국가의 부동산은 반드시 상승하게 되어 있다. 국가 경제가 성장하면서 개인들이 여윳돈이 생기면, 가장 먼저 사는 게 바로 집이기 때문이다. 그래서 경제가 빠르게 성장할수록 부동산 가격도 그만큼 빠르게 상승한다.

대한민국의 기적 같은 경제 성장은 미국 MBA 강의에도 소개될 정도로 유명하다. 현재 고속 성장하는 동남아 국가들의 경제성장률이 6% 내외라는 점을 감안하면 정말 말 그대로 기적이다. 한국에 고속도로가 생기고, 각종 관공서가 지어지고, 아파트도 지어지고, 아파트에 맞는 인프라도 지어진다. 국가 경제가 성장하면 부동산의 상승은 필연적인 것이다.

그간 고속으로 경제 성장을 한 국가들의 대표적인 예가 중국, 베트남, 인도 등인데, 전부 부동산 가격이 너무 빠르게 올랐고, 부동산 투기 문제가 거론된 국가들이다. 국가 경제가 성장하고, 부동산 가격이 상승하면, 자연스레 부동산 투기도 성행하는 레퍼토리가 존재하며 한국도 마찬가지인 것이다. 부동산으로 부를 쌓은 많은 사람은 정확히 말하면 전문적인 기술로 부동산 투자를 했다기보다는 열심히 일해서 벌어들인 노동소득, 사업소득으로 부동산을 사서 오랜 시간 동안 보유했더니 얼떨결에 부자가 된 셈이다.

즉, 한국의 경제가 고속 성장했기에 부동산 가격도 폭등했고, 그로 인해 부동산으로 부자가 된 사람이 많은 것이다. 그럼 앞으로 한국 경제가 계속 고속 성장을 해야만 부동산도 지속적으로 강세를 보일 수 있을 것이다. 그렇다면 과연 한국 경제는 성장세를 이어갈 수 있을까. 안타깝게도 그럴 가능성은 매우 낮은 편에 속한다. 운이 좋으면 장기적으로 저성장이고, 웬만하면 우리나라 경제는 갈수록 경쟁력을 잃어갈 수밖에 없다. 굉장히 암울한 상황이다.

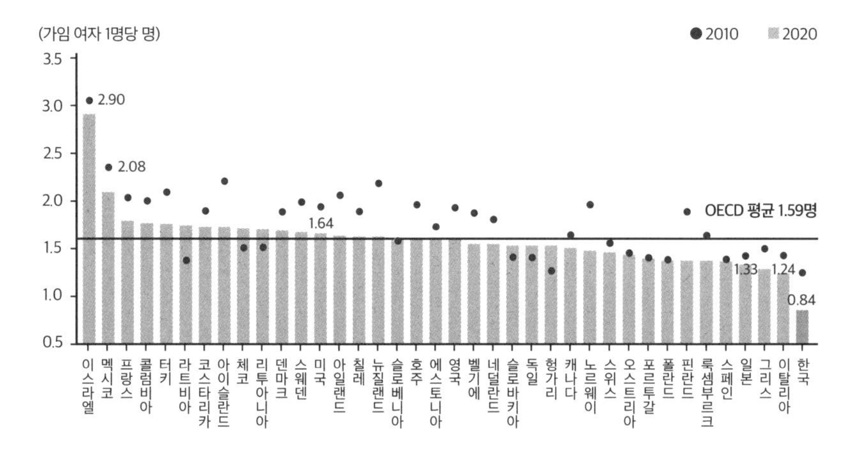


**2010년, 2020년 경제개발협력기구(OECD) 회원국의 합계출산율**
출처: 농민신문

왜 그럴까? 경제 성장의 1원칙은 바로 인구다. 인구가 꾸준히 늘고, 기본적으로 인구가 많아야 경제가 빠르게 성장을 이어갈 수 있다. 한국은 인구 측면에서 매우 심각할 정도로 좋지 않다. 출산율이 무려 전 세계에서 최저 수준이다. 요즘엔 아이를 안 낳는 부부가 점점 많아질 뿐 아니라 아예 결혼도 안 하려고 하는 비혼주의 젊은이들이 너무나 많기 때문이다. 아이러니한 것은, 통계와 데이터로 볼 때 이러한 트렌드를 만든 것은 결국 집값이다.

수십 년에 걸쳐 경제의 고속 성장 → 부동산 가격 상승 → 투기심리로 인한 부동산 가격 폭등 → 비싼 집값으로 인한 결혼율, 출산율 하락세 → 경제 저성장 시작이라는 순환을 겪게 된다. 이러한 현상은 우리나라뿐 아니라 중국도 마찬가지인데, 중국의 부동산 가격 버블이 워낙 심각해 일본의 잃어버린 30년 직전보다도 더 비싼 수준에 이르렀고, 결국 출산율이 줄어들면서 중국도 매우 빠른 속도로 고령화 사회에 진

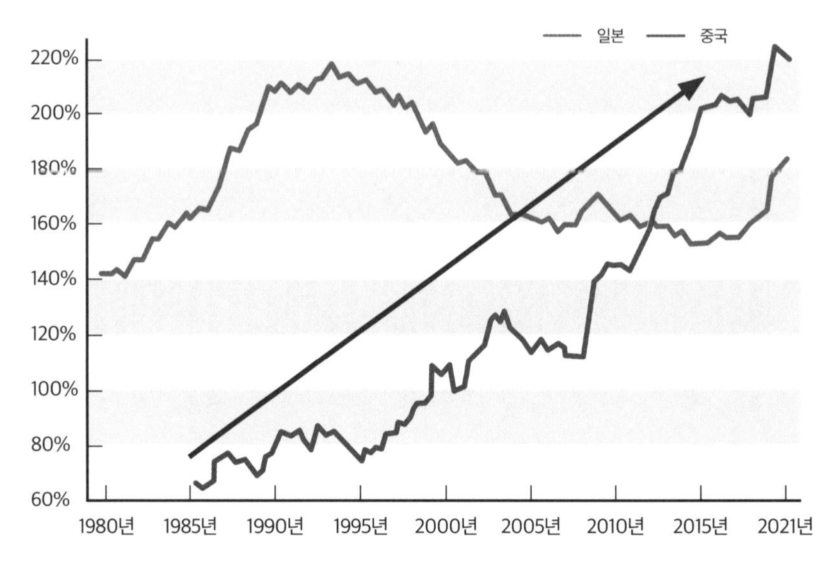


**일본과 중국의 GDP 대비 민간부채**
출처: 에임리치, 이투데이

입해 점점 늙은 국가가 되어 가고 있다.

일본은 어떤가. 일본도 한때 경제 2위 대국까지 성장했었으며, 부동산 가격이 연일 폭등해 많은 사람이 부를 쌓았다. 한때 일본인들이 미국 본토의 부동산을 무섭게 매입했고, 심지어 랜드마크급 빌딩까지 매입하면서 미국인들은 충격에 빠졌다. 한때 '도쿄의 부동산 전체를 팔면 미국 부동산 전체를 살 수 있다'라는 말까지 돌았었는데, 그 말은 정말 사실이었다. 그 정도로 일본 경제와 부동산은 고속 성장을 이어갔다. 그러나 플라자합의 이후 일본의 경쟁력이 약화되면서 집값과 주식은 폭락했고, 30여 년이 지난 현재까지도 일본 주가지수는 아직도 그때 당시의 고점을 회복하지 못하고 있다. 그리고 이제 중국이 그 단계를 그대로 밟아가고 있다.

우리 한국도 이러한 전철을 그대로 밟고 있다. 외국인 유입을 적극 장려해서 다문화 국가가 되어 인구구조가 개선되기 시작하거나, 정책을 통해 집값 안정과 결혼, 출산 장려가 성공적으로 이루어진다면 한국도 다시 좋은 성장세를 보일 수 있겠으나 그러한 가능성은 사실 제2의 한강의 기적 수준이다. 가능성이 낮지만 개인적으로는 제2의 한강의 기적이 다시 이루어지기를 바라는 마음이다. 한국 경제는 이미 저성장 국면에 진입했고, 부동산 또한 전체적으로 상승률이 과거에 비해 많이 낮아졌다. 이러한 경제 상황 속에서 향후 어떠한 부동산 투자 전략이 효과가 좋을지 공개한다.

7

# 해외 부동산이 노다지 시장인 이유

요즘엔 세상이 너무 좋아져서 얼마든지 의지만 있으면 해외 부동산에도 적극 투자할 수 있다. 앞서 말했듯, 한국의 부동산 부자들은 경제 성장의 수혜를 본 결과물이며, 향후 한국 경제는 고질적인 저성장 때문에 부동산 투자로 수익을 보는 것이 갈수록 어려워질 것이다. 먹을 수 있는 파이는 점점 줄어드는 데 반해 투자자들은 갈수록 똑똑해지기 때문이다. 치열한 경쟁으로 예전보다 더 적은 파이를 먹기 위해 고군분투해야 한다.

하지만 우리 한국의 지난 경제처럼 현재 고속 성장하고 있는 국가들의 부동산에 투자한다면? 수십 년 전의 과거로 돌아가 개발되기 전의 강남 부동산을 사는 것과 다름이 없다. 하지만 해외 부동산 투자는 당연히 한국 부동산 투자보다 기본적으로 리스크가 높을 수밖에 없다.

언어의 장벽뿐 아니라 그 국가의 특성, 문화, 트렌드를 읽어야만 승률을 높일 수 있는데, 바쁜 한국 사람들이 이런 것을 다 일일이 신경 쓸 수 있을까.

그런 분들에게 유용한 방법 중 하나는 바로 금융을 이용한 부동산 투자다. 금융시장이 고도로 발달되면서 우리는 더 이상 많은 수고로움 없이 얼마든지 고속 성장하는 국가의 부동산에 투자할 수 있다. 예를 들면 '리츠 펀드'라는 것이 있다. 리츠 펀드는 쉽게 말해 부동산만을 전문으로 투자하는 펀드인데, 보통은 법적으로 규제가 되고 있어 발생한 수익의 90%를 매년, 매월 등 주기적으로 배당한다. 즉, 부동산 투자를 통해 벌어들인 임대 수익은 마치 월세처럼 배당을 받고, 리츠 펀드가 투자한 부동산의 가치가 높아지면 자연스럽게 리츠 펀드의 가치도 상승하여 수익이 난다. 지가 상승 수익과 임대 수익을 전부 노릴 수 있는 장점이 있는 것이다.

또, 리츠 펀드는 당연히 펀드이므로 펀드 매니저가 따로 있다. 일정 만큼의 펀드 수수료를 지불하면 부동산, 금융 전문가가 전문적인 분석을 통해 부동산에 대신 투자해주고, 그 수익도 공평하게 나눈다. 특히 기관 투자자들의 특성상 큰 수익이 나는 물건보다는 실패하지 않는 물건을 위주로 고르게 되므로 장기적인 관점에선 성과가 나올 가능성도 높다. 예를 들어보자. 미국 배당주 투자를 하는 사람들에게는 모르면 간첩인 종목이 하나 있는데, 바로 '리얼티인컴'이다. 코스트코 같은 대기업에 부동산을 장기 임대해 주고 거기서 발생한 임대수익을 배당하며, 부동산 가치가 상승할수록 리얼티인컴의 주가도 함께 오른다.

보통 과거 트렌드를 보면 투자 시기에 따라 다르지만 10년간 2배 내외의 주가 상승, 연 4% 내외의 배당수익을 기대할 수 있는데, 더 중요한 건 배당수익이 매월 지급된다는 것이다. 즉, 내가 리얼티인컴의 주식을 사서 장기 보유를 하는 순간부터 미국 대기업에 장기 임대를 주고 있는 회사의 주인이 되는 것과 같다. 주식은 결국 그 회사의 지분을 사는 것이고, 지분을 산 만큼 내가 그 회사의 주인이기 때문이다. 선진국의 리츠펀드는 일반적으로 안정적인 수익을 기대할 수 있다는 장점이 있고, 동남아와 같은 신흥국의 리츠 펀드는 고수익을 기대할 수 있다는 장점이 있으므로 내 성향에 맞게 투자하거나, 아니면 둘 다 투자하되 전문가의 상담을 받아 나의 성향에 맞도록 자산 배분을 해서 투자하면 좋은 성과를 기대할 수 있을 것이다.

리츠 펀드 외에도 내가 투자를 하길 원하는 국가의 부동산에 투자하는 방법은 또 있다. 바로 부동산 개발회사나 부동산과 관련 있는 기업에 투자하는 것이다. 내가 만약 베트남의 부동산시장에 투자하고 싶다면, 부동산을 개발하는 회사에 투자를 할 수 있다. 대표적으로는 베트남의 경우 상장기업인 빈홈즈가 있다. 또는 베트남 시멘트 기업이나 철강 기업에 투자를 해도 된다. 결국 베트남에서 건설이 많이 이루어질수록 수혜를 보는 회사이기 때문이다.

하지만 잠깐만 생각해봐도 이렇게 투자하는 방법은 높은 전문성을 요구한다. 베트남 부동산시장이 성장한다고 해서 그 기업이 무조건 같이 성장한다는 보장이 없기에 해당 기업의 사업 타당성을 분석해야 하고, 또 주가 자체가 회사 가치에 비해 너무 비싸진 않은지도 분석할 줄 알아야 한다. 즉, 개별 기업의 리스크가 어느 정도 존재한다. 이 방법도 관련된 펀드에 투자하는 방법이 있을 것이다. 아니면, 적어도 대장주를 찾는 것은 생각보다 어렵지 않기 때문에 대장주 몇 개를 모아 투자하면 개별 기업의 리스크를 줄일 수 있다. 가령 베트남이라고 예를 든다면, 베트남에서 튼튼하고 건전성이 높은 개발사와 부동산 관련 기업 몇 개를 담아서 꾸준히 장기 보유하는 방법이 있다. 하지만 좀 더 높은 수익을 원하는 사람들에겐 부동산 직접 투자라는 방법도 있다. 이 분야도 결국 전문성이 뛰어난 사람들의 도움을 빌려서 진행할 수 있겠는데, 아무래도 인복이 좀 타고나야 하며, 스스로 부동산을 보는 관점이 어느 정도 필요할 것이다.

경제성장률이 고속 성장하는 국가들을 찾아보자. 지난 수십 년간의 경제성장률은 구글에서 조금만 검색해봐도 어렵지 않게 찾을 수 있다. 그중에서 한국인이 현실적으로 부동산 투자가 가능한 국가인지 검토해 보고, 해당 국가에서 부동산 투자를 통해 성공한 외국인의 사례가 있는지도 한번 찾아보자. 선례를 따라가면 독학보다는 훨씬 쉽다.

그 이후, 지난 한국이 밟아왔던 사례들을 스터디해 보자. 그 국가에서 곧 한국의 강남, 분당이 될 도시가 어떤 곳인지 알아보면 좋다. 사실 국가가 고속 성장을 하게 되면 부동산 가격이 전반적으로 크게 오르기 때문에 운이 크게 나쁘지만 않으면 웬만하면 큰돈을 번다. 하지만 수익률과 안정성을 높이고 싶다면 현재 그 국가에서 가장 경제 활동이 활발한 도시의 근처 도시 중 개발이 아직 덜 된 도시 등을 공략해보는 것도 좋다.

강남에 돈이 도니 강남 주위의 서초, 송파, 분당, 광주 등의 부동산 가치도 함께 높아지기가 용이했던 것처럼, 해당 국가에서 어떤 도시에 집중적으로 돈이 도는지를 분석해보고, 그 도시 주위에 있는 다른 도시 중에서 발전 가능성이 높은 도시들을 여러 군데 찾아놓은 다음, 여러 도시에 나눠서 투자를 하면 리스크도 분산하고 높은 수익도 기대할 수 있는 장점이 있다. 여러 국가를 스터디해 보면 종합적으로 판단했을 때 베트남을 비롯한 동남아 국가들이 접근성, 수익성, 편리성 면에서 가장 접근하기 좋은 국가다.

일본은 고질적인 저성장에 빠졌지만, 일본 기업이나 투자자들은 해외 기업이나 부동산에 그간 많은 투자를 했다. 그래서 해외에서 일본으로 들어오는 소득이 매년 어마어마한 수준이라고 한다. 즉, 일본은 저성장의 돌파구를 해외 투자에서 찾은 것이다. 한국은 일본처럼 인구가 많지도 않아서 더더욱 해외 투자를 적극적으로 모색해야 한다. IT와 정보력이 발달하고, 똑똑한 사람이 많은 한국 특성상 해외 투자가 상대적으로 다른 국가의 투자자들보다 유리할 가능성이 높다.

Part 2.

# 지금,
# 당신의 계좌가
# 손실 중인 이유

# 시장은 주기적으로 폭락한다

경제 침체와 자산시장 폭락을 주장하던 2021년과 2022년, 수많은 시청자가 필자의 의견을 반박했다. '강남 부동산은 절대 안 떨어집니다', '경제는 예측할 수가 없죠', '테슬라가 미래를 바꿀 겁니다.' 하지만 현재 결과는 참담하다. 테슬라는 고점 대비 큰 폭으로 하락했고, 부동산은 연일 떨어진다는 이야기밖에 없다. 왜 투자자들은 이렇게 될 미래를 알지 못했을까?

그럴듯한 말이 진실은 아니다. 많은 투자자는 늘 인지 오류에 빠진다. 경제 침체와 자산 가격의 폭락은 10년 내외를 주기로 찾아오는데, 꼭 경제 침체나 자산 가격 폭락이 오기 전 부동산, 주식, 원자재 등 너나 할 것 없이 연일 상승가도를 달리고, 뜨거운 열기를 보여주기 때문이다. 오르는 데 하락을 얘기하는 사람은 없다.

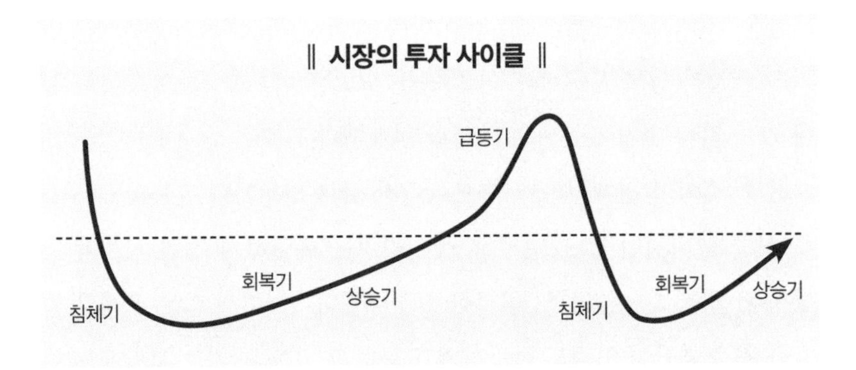


버블 없는 경제 침체는 없고, 버블 없는 폭락은 없다. 폭락과 경제 침체는 결국 과열되는 경제와 자산 가격에서 만들어지는 것이지, 10년이고 20년이고 안정적인 흐름이 계속 이어진다면 아마 폭락과 경제 침체도 없을 것이다.

경제는 매우 간단하다. 우리 삶처럼 때로는 호황일 때도, 때로는 불황일 때도 있다. 항상 늘 좋을 수는 없으며, 오랜 시간 동안 경제가 지나치게 좋았다면, 자산 가격 또한 열심히 오른다. 그 이후에 침체기가 찾아오며 결국 대중과 투자자들은 그 대가를 치르게 된다.

이러한 투자 사이클을 정확하게 예측하는 것은 정말 어렵지만, 확실하게 어느 정도 예측이 된다. 개인 투자자들이 잘못 알고 있는 것 중 하나가 '경제는 예측할 수 없다'는 것이다. 하지만 배우면 얼마든지 일정 범위 내에서 가능하다.

필자는 실제로 2018년 유튜브가 개설된 이후 5년여간 운영하면서 1년 이상의 장기 가격 전망 예측을 전부 적중한 바 있다. 비트코인 800만 원, 이더리움이 15만 원이던 2020년 초에는 '가상화폐 지금 안 사면 후회합니다'라는 영상을 올렸고, 그 이후 비트코인은 10배, 이더리움은 35배가 폭등했다. 또, 에이다나 솔라나 등 각종 암호화폐뿐 아니라 테슬라 등 일부 주식들의 과열을 경고한 이후엔 늘 그 종목이 얼마 가지 않아 고점에 도달하고 폭락하곤 했다.

국내, 해외의 경제전문가, 펀드매니저, 투자전문가와 유튜버들이 전부 상승을 외치던 2021년 9월, 에임리치는 유일하게 경제 침체와 자산시장 폭락, 모든 자산의 현금화를 주장했다. 그 이후 많은 주식과 암호화폐, 부동산이 아직도 하락하며 고전하고 있다. 필자는 하락에 대한 예측을 너무나 족집게처럼 잘한다고 해서 '빅쇼트 김피비', '한국의 마이클 버리'라는 별명마저 생겼다. 이러한 결과가 절대 우연이 아니다. 금융 데이터와 경제 예측을 통해 만들어낸 결과물이다. 국내에 매크로(거시경제) 분석 문화가 잘 자리 잡지 않았을 뿐, 이미 미국에서는 스마트한 개인 투자자들도 스스로 꽤 유의미한 수준까지 매크로 분석을 통해 투자 아이디어를 얻고 있다.

만약 경제 예측이 불가능했다면 '매크로(거시경제) 분석 기반 투자 전략'이라는 것이 탄생할 수도 없었고, 200조 원 상당의 자금을 매크로 기반으로 운용하는 펀드인 브릿지워터나 전설적인 투자자인 하워드 막스가 운용하는 오크트리 캐피탈 같은 곳들은 탄생할 수 없었을 것이다. 경제 예측은 가능하다. 또한, 적어도 우리에게 어떠한 경제 위험이 찾아올 때 시장은 반드시 짧지 않은 시간 동안 경고를 한다. 정상적인 시장에서는 정상적인 방법으로 투자를 진행하면 되지만, 주기적으로 위기가 찾아오는 '비정상적인 시장'을 피하는 것 또한 굉장히 중요하다. 투자금이 있다면 기회는 얼마든지 있지만, 위기를 피하지 못하면 두 번의 기회는 없을 수도 있기 때문이다. 그럼 어려운 시국이 찾아오려고 할 때, 시장은 구체적으로 우리에게 어떤 경고를 할까?

1. 실업률이 너무 낮고, 경제가 탄탄해 보인다
2. 금리가 연속으로 상승하기 시작한다
3. 환율이 오르기 시작한다
4. 주변에 투자로 돈 벌었다는 사람만 있지, 잃었다는 사람은 보이지 않는다
5. 언론사에서도 연일 시장에 대한 핑크빛 미래만 가득하다
6. 가끔 뉴스의 한 귀퉁이에 심각한 문제들에 대해 거론된다

# 대중은 사실이 아니라 가격에 투자한다

뒤에 더 자세하게 이야기하겠지만, 이 중 실업률을 예시로 들어보자. 다음의 통계는 1950년부터 2022년까지의 미국 실업률과 주식시장의 기대수익률을 보여준다. 그리고 보다시피 둘은 함께 움직인다. 즉, 실업률이 낮고 경제가 좋을 때는 향후 주식시장에서 벌 수 있는 수익이 많지 않고, 오히려 실업률이 높고 경제가 안 좋을수록 주식시장에서 기대되는 수익률이 높다는 것이다. 대체 왜 이런 일이 벌어질까?

앞서 이야기했듯, 자산시장은 금융 트라이앵글에 의해 움직인다. 유동성이 풀리면 기업들이 먹고살기 좋아지고, 사업이나 투자에 필요한 돈을 빌리기도 수월해진다. 기업들의 실적이 오르니 따라서 내재 가치도 높아진다. 그럼 자연스럽게 주가도 상승하게 되니 투자자들의 기대감과 매수세도 따라붙게 된다. 결국 상승의 선순환이 일어나는 것이다.

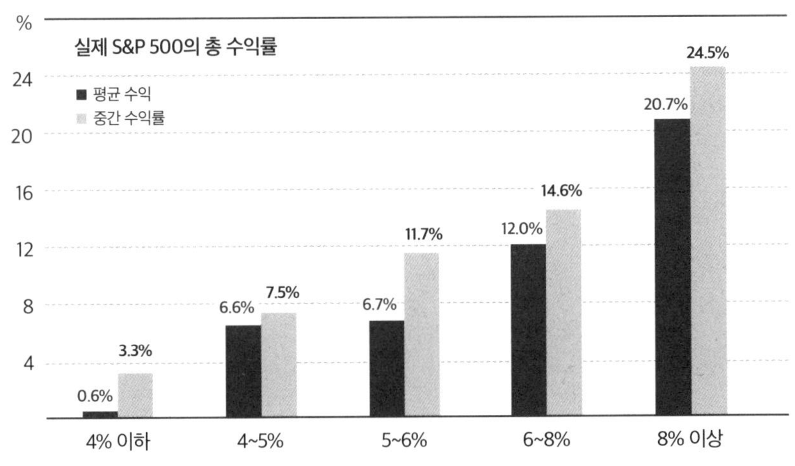


**미국 실업률별 주식의 기대수익률**

출처: BCA Research

하지만 어느 정도 이런 선순환의 임계점에 도달해서 정체가 되기 시작할 때 쯤에는 경제는 이미 뜨거워질 대로 뜨거워져 있고, 더 이상 성장할 수 없는 꼭짓점에 다다르게 된다. 그럼 미국 연준을 비롯한 주요국의 중앙은행에서는 물가와 경제를 안정시키기 위해 금리를 높이고 유동성을 거두게 된다.

그럼 위에 서술한 내용이 반대로 일어나는 것이다. 유동성이 줄어드니 기업들이 먹고살기 힘들어지고, 사업이나 투자에 필요한 돈을 빌리기 어려워진다. 그럼 결국 기업들의 실적이 악화되니 따라서 내재 가치도 낮아지게 되고, 자연스럽게 사람들도 하락에 대한 걱정의 심리가 강해져 자산 가격은 연일 하락하는 악순환을 타게 된다. 즉, 실업률이 낮을 때는 주식 투자 비중을 낮추고 실업률이 높을 때에는 적극적으로 주식 투자 비중을 높이는 게 현명한 아이디어일 가능성이 높다는 결론이 나오게 된다. 이렇게 과거의 데이터를 보면 미래를 판단하는 데 도움을 얻을 수 있지만, 정작 개인들은 경제가 좋아져서 가장 주가가 비쌀 때 주식에 적극적으로 투자하고, 프리미엄이 가장 많이 붙을 때 부동산에 투자하게 된다.

### 경제지표를 가지고 투자해야 하는 이유

투자 자산의 가격은 경제가 만들고, 경제의 상황은 경제지표가 반영한다. 주가처럼 경제를 그대로 반영하는 자산 가격은 경제지표와 함께 움직여 왔다. 시장 규모가 작았던 1960년대에도 주가는 경제지표와 밀접한 관련을 가지고 변화해 왔으며 1970년대 경제 상승기 주가가 100% 넘게 올랐던 반면에 경기 하락기에는 또 주가가 반토막이 나기도 했다. 이러한 사례가 경제지표를 보면서 주식 등에 투자해야 하는 이유를 잘 설명해 준다.

경기가 좋아질 경우 주가가 함께 상승하는 이유는 단순하다. 경기가 호황이면 기업의 생산도 늘고 고용지표도 좋아지게 된다. 당연히 기업의 순이익도 상승한다. 근로자에게는 고액의 임금이 지급되며 실업률도 감소하여 소비도 증가할 수 있다. 소득이 늘면 그만큼 소비도 증가하기 때문이다. 소비가 증가하면 당연히 생산을 위한 투자도 증가하게 된다. 이는 다시 기업의 이익 증가로 이어지고 그만큼 배당 여력이 높아져 주식에 대한 수요도 증가하게 된다. 이 때문에 경제지표가 좋아지면 주가가 먼저 상승하게 되는 것이다.

다시 정리하자면, 경기가 호황이 되면 기업들의 생산량이 증가하게 되고 이로 인해 고용이 증대되고 기업의 이윤 증가로 인해서 기업과 근로자 모두의 소득이 증가하게 된다. 이는 자연스럽게 소비의 증가로 연결된다. 소비가 증가하다 보니 생산을 위한 설비투자도 증가하게 되어 경제 전체의 총수요가 증가하여 이를 반영한 주가가 상승하는 모습을 보이게 된다.

반대로 경제가 불황일 때는 어떠할까? 경기가 악화되면 가장 먼저 소비가 줄어들게 된다. 당연히 생산 활동도 줄어들게 되고 재고자산이 증가하게 된다. 기업은 팔리지 않는 재고를 쌓아두고 이윤은 그만큼 감소하게 된다. 기업의 이윤 감소는 해고 등으로 연결되므로 실업률이 증가하게 된다. 경제 전체적으로 소득이 줄어들게 되면 당연히 소비도 더욱 줄게 된다. 소비가 줄면 생산도 덩달아 줄어들게 되어 설비투자 등도 축소되고 경제 전체적인 총수요가 감소하게 되어 주가가 하락하게 된다.

경기가 호황일 때는 주가가 상승하고 경기가 악화되면 주가가 하락하는 것은 어찌 보면 당연하다. 다만, 이 책 전반에 걸쳐 경기지표를 통해 호황과 불황을 얼마나 정확하게 예측하고 투자에 참고할 만한 방법이 무엇인지 설명하여 여러분의 투자 실력을 높이는 비법을 밝혀둘 뿐이다.

# 시장을 반대로 보는 개인 투자자들

대중은 늘 반대로 행동한다. 경제가 좋아서 내 주머니 사정이 좋아지게 될 때는 이미 경제가 어느 정도 좋아질 만큼 좋아져서 나빠질 일밖에 없다. 그러니 '이때 아니면 언제 투자하겠는가' 하고 투자하지 말아야 할 때 열심히 투자하게 된다. 그래서 늘 대중들은 먹고살 만하면 힘들어지고, 또 잘되려고 하면 힘들어지고 할 수밖에 없는 것이다. 그러나 현금을 늘 여유 있게 들고 있는 부자들은 시장이 좋지 않을 때 오히려 역발상 투자로 매수를 하면서 비싼 주식과 부동산들을 싸게 쓸어담는다. 부자만 더 부자가 되는 자본주의 경제의 맹점인 것이다.

美 변동금리 모기지론 금융시장 '시한 폭탄'

입력 2004.07.26 15:01 수정 2004.07.26 15:01

출처: 한국경제

위 기사 제목을 보자. 미국 변동금리 모기지론이 금융시장의 시한폭탄이라는 무시무시한 기사다. 변동금리 모기지론은 쉽게 말해 금리에 따라서 이자율이 변동되는 주택 대출 상품을 의미한다. 금리가 높아질 때는 이자율도 높아져서 이자 부담이 커지는 주택담보대출인 것이다. 자, 그럼 이제 위 기사가 게재된 날짜를 보자. 2004년 7월이다. 위에서 설명하는 변동금리 모기지론은 4년 뒤 '서브프라임 모기지 사태', '글로벌 금융위기', '리먼 브라더스 부도' 등의 어마무시한 사건을 만들어 내는, 정말 그야말로 금융시장의 시한폭탄이 된다. 그러나 대중들은 위와 같은 소식을 계속 무시해왔고, 위기의 덩치는 계속 시간이 갈수록 불어나 자산시장의 폭락과 경제 침체를 야기했다. 강남 부동산은 수년간 고점 대비 -40% 하락했고, 많이 하락한 주식은 -90% 이상도 폭락하게 된다.

위 기사가 나온 시점과 당시 미국 주가지수인 S&P 500 차트를 보자. 미국 주가지수가 막 상승 초입일 때 위와 같은 기사가 나왔고, 모두 대수롭지 않게 넘어가면서 시장은 그 이후로 무려 3년 넘게 상승세를 이어가게 된다. 2000년 닷컴버블로 자산시장이 붕괴된 지 4년 만에 투자자들은 위기를 새까맣게 잊게 된 것이다. 이렇듯 시장은 우리에게 알게 모르게 끊임없이 경고의 메시지를 보낸다. 금융시장은 다음의 위기와 경제 침체의 계기가 무엇일지 우리에게 수없이 이야기하고 있다.

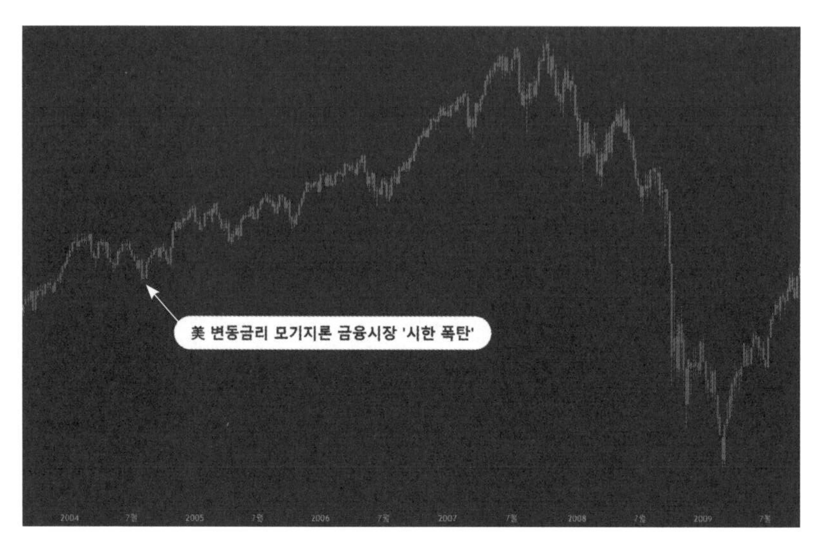

출처: TradingView

우리가 귀를 기울이지 않을 뿐이다.

필자는 개인적으로 언론사를 통해 시장을 분석하지 않는다. 뉴스는 당장 눈앞의 일을 이야기하거나 자극적인 이슈를 위주로 다루는 경우가 대부분이기에 장기적인 전망을 다룰 정보를 찾는 데에는 적절하지 않다고 느꼈기 때문이다. 다만, 뉴스를 안 봐도 된다는 이야기는 절대 아니다. 대신 우리에게 유익한 뉴스와 유익하지 않은 뉴스를 구분할 수 있는 힘을 길러야 하는데, 이것은 하루 이틀 만에 완성될 수 있는 능력이 아니다.

그렇다고 기죽지 말자. 어떤 뉴스가 자산관리와 투자, 그리고 내 사업이나 미래 전망에 중요한지 파악할 수 있는 아주 쉬운 방법이 있다. 바로 '이슈의 경제적 파급력'이다. 어떤 특정한 이슈가 얼마나 중요한지 알고 싶다면, 그 이슈를 돈으로 환산해 보려고 노력해보자. 처음엔

어설퍼도 좋다. 그리고 정확히 금융공학적으로 파급력을 예측할 필요도 없다. 그저 이 이슈가 얼마나 큰 이슈인지 대략적으로만 알 수 있으면 된다.

# 그럼에도 투자를 포기하면 안 되는 이유

물가는 매년 오른다. 이 현상을 인플레이션이라고 하는데, 물가가 매년 오른다는 건 반대로 내 돈의 값어치가 매년 떨어진다는 걸 의미한다. 즉, 통장에 현찰로 그대로 갖고 있으면 손해라는 것이다. 제2의 세금과도 같다. 매년 현찰을 갖고 있으면 그에 대한 대가로 내 현금의 가치가 계속 줄어든다. 그래서 끊임없이 사업을 하거나 투자를 하는 등의 경제 활동을 해야만 내 자산 가치를 온전히 지킬 수 있게 된다. 자본주의는 우리를 계속 일하고 머리 쓰게 만드는 셈이다.

그럼 이러한 현실을 불평하고 받아들이지 못한 채로 투자 없이 열심히 일만 하면서 살 것인가? 아니면 현실을 직시하고 내 자산 가치를 지키기 위해 노력을 해볼 것인가? 어차피 내가 바꿀 수 없다면 잘 순응하는 것이 합리적일 것이다. 결국 우리의 더 나은 삶을 위해 투자라는 것

| 시간 | 긍정적 | 부정적 |
|---|---|---|
| 하루 | 56% | 44% |
| 1년 | 75% | 25% |
| 5년 | 88% | 12% |
| 10년 | 95% | 5% |
| 20년 | 100% | 0% |

**투자 기간별 미국 S&P 500 투자에 대한 승률, 1926~2020**
출처: Dopkins Wealth Management

은 이제 선택이 아닌 필수다.

워런 버핏 외에도 많은 전설적 투자자들은 '장기 투자'를 강조하곤 한다. 확실하기 때문이다. 실제로 1926년부터 2020년까지 미국 주가지수인 S&P 500을 기준으로 승률을 분석해 보았더니 하루를 투자했을 때에는 56%의 승률이지만, 1년간 투자하면 75%, 10년 이상 투자 시에는 수익을 달성할 확률이 무려 95%, 20년 뒤에는 100%까지 높아졌다. 즉, 20년 투자하면 무조건 수익이라는 얘기다.

물론 이 통계에는 함정이 있다. 1)미국 주가지수를 기준으로 했기에 성장하는 자산이 아닌 쇠퇴기에 있는 종목엔 아무리 오랜 시간을 투자해도 수익을 보기 어려울 수 있다는 것 2)마침 매수한 시점이 버블이 심각했던 당시의 최고점에서 매수했을 경우엔 생각보다 수익을 볼 확률이 급격히 낮아질 수 있다는 것 등이다. 그러나 특정 종목에 소위 '몰빵'을 하는 올인 투자가 아니라 적절히 전문가의 조언에 따라 기본적인 자산배분만 잘 하더라도 내 자산의 위험은 크게 낮아지고, 수익을 볼 확률과 기대수익률은 크게 높아질 수 있다.

사실 투자를 잘하거나, 부모에게 많은 재산을 상속받지 않더라도 우리나라에서 재정적으로 크게 성공할 수 있는 방법이 있다.

바로 사업이다. KB의 한국부자보고서에 따르면 한국에서 부자가 된 사람들은 대부분 다 상속, 증여를 제외하면 '사업소득'과 '투자소득'으로 부자가 되었다. 즉, 투자를 잘할 수 없으면 사업이라도 잘하면 되는 것이다. 하지만 사업은 위험도 많고 쉽지 않다. 또, 사업이라는 게 항상 잘될 수 없기에 고비도 분명 존재한다. 중소기업벤처기업부의 '창업기업 생존률 현황' 자료를 보면 5년 차 생존율이 29.2%로, 10개 기업 중 약 7개 기업이 폐업한다. 생각보다 폐업은 흔한 일이라는 것이다.

이렇게 사업이 잘 안 되면 내 경제적 미래는 도대체 누가 책임져줄 수 있을까? 그래서 대중들이 가장 접근하기 쉬운 것은 투자이지 않나 싶다. 필자가 항상 주위 사람들에게 자주 하는 말이 있다. 큰돈을 벌려면 '세상을 바꾸는 기업'을 만들면 되고, 그게 어렵다면 '세상을 바꾸는 기업에 투자'하면 된다고 말이다.

생각보다 이는 그렇게 복잡하거나 어려운 일이 아니다. 우리가 은행이나 증권사에서 투자 상담을 받고, 펀드를 권유 받는다면 대부분 펀드에 세상을 바꾸어 가고 있는 기업들이 늘 포함되어 있기 때문이다. 조금만 관심을 갖고 구글에 검색해보면 얼마든 쉽게 찾을 수 있다. 또, 이러한 기업을 조기에 찾을 수 있는 방법 또한 뒤에 공개하도록 하겠다.

# 800배의 수익률, 조선의 전설적인 투자자 반복창

1921년 5월 어느 화창한 봄날, 경성역(현 서울역) 앞에 수십 대의 자동차가 줄을 지어 서 있다. 얼마 지나지 않아 역에서 신사 숙녀들이 우르르 몰려나오자마자 대기하고 있던 수십 대의 차들은 사람들을 태우고 어디론가 향한다. 당시 서울 시내에 운행하던 차량이 200대라는 점을 감안하면, 어마어마한 광경이 아닐 수 없었다. 요즘으로 치면 헬기 수십 대가 서울역 앞에 줄을 서 있다가 사람들을 태우고 어디론가 가버린 것과도 마찬가지인 상황인 것이다. 그 광경을 보던 어떤 한 남자가 옆 사람에게 묻는다. "저 사람들이 대체 누구길래 저렇게 많은 차를 타고 이동하는 거요?" 그러자 놀라며 옆 사람이 대답했다. "아니, 여태껏 그것도 모르셨소? 미두왕 반복창이 오늘 결혼을 한다오. 그 결혼식에 가는 하객들이오."

차들은 얼마 지나지 않아 조선호텔에 도착했고, 그 당시 가장 성대한 규모로 결혼식이 치러졌다. 당시 결혼식 비용만 현재 가치로 무려 30억 원에 달할 정도로 초호화 결혼식이었다. 이 어마어마한 결혼식의 주인공, 21살의 미두왕이자 전설적인 조선의 투자자 반복창은 조선시대의 전설적인 투자자 중 한 명이다.

1900년대 당시 인천에는 미두시장이라는 것이 있었다. 쌀 미에 콩 두, 즉 쌀과 콩을 거래하던 시장이었다. 그런데 여기서 흥미로운 것은, 쌀과 콩을 직접 갖고 가서 거래하는 것이 아니라 약간의 증거금만을 갖고 서류만으로 거래를 했는데, 일정 기간을 두고 쌀과 콩을 살 수 있는 권리와 팔 수 있는 권리를 사고팔던 시장이었다. 즉, 오늘날의 파생상품 시장, 선물 옵션 거래와 동일한 구조의 시장이었다.

당시 미두시장 내에서 명성이 자자했던 '아라키'라는 일본인이 있었다. 1886년, 인천에 미두시장이 열리고 나서 아라키는 미두 거래를 중개하는 중매점을 차리게 된다. 이 구조 역시 오늘날의 증권사 또는 거래소와 동일한 개념의 가게였다. 당시 미두 중매점들은 미두 거래를 대행하거나 직접 미두 거래에 참여하면서 부를 축적했는데, 아라키는 그중에서도 으뜸인 사람이었다.

그러던 어느 날, 12살 남짓한 꼬마 아이가 아라키의 하인으로 들어오게 되는데, 다른 하인들과는 다르게 유독 성실하고 맡은 일에 최선을 다했다. 비록 꼬마 아이지만 어른 못지않게 계산도 빨랐다. 그 아이가 바로 반복창이었다. 반복창은 결국 2년 뒤에 요직을 맡게 되는데, 미두시장에서 투자하는 미두꾼들에게 미두 시세를 전달하는 일을 맡게 되었다. 그런 과정에서 어떤 미두꾼들은 종종 큰돈을 벌기도 했는데, 반복창은 그런 미두꾼들을 보면서 '나도 언젠가는 미두 투자로 큰

돈을 벌고 싶다'라는 포부를 품게 된다. 이후 반복창은 급여로 받은 돈들을 악착같이 모았고, 일과가 끝나면 밤을 새우면서 미두의 그날 가격 흐름을 정리해보고 추세를 분석하면서 미두 가격의 패턴에 대해 연구를 하게 된다. 거기에 독학으로 일본어를 유창하게 할 줄 알았던 데다가 경제학도 못지않은 해박한 경제 지식까지 쌓을 정도로 성공을 위해 부단히 노력을 해왔다.

그렇게 포부를 갖고 때를 기다리던 중, 1차 세계대전이 끝난 이후 일본은 호황기를 맞았고, 호황을 맞으니 사람들의 지갑 사정은 넉넉해지게 된다. 그러니 자연스럽게 일제강점기에 있던 우리나라의 쌀 수요도 늘어나게 된다. 수요는 늘어나는데 가을에 흉년까지 지면서 결국 쌀의 가격은 연일 폭등하게 되었다.

그런데 당시 반복창의 사장이었던 아라키가 쌀값에 투기를 하다가 큰돈을 잃게 되는데, 무려 현재 가치로 1천억 원에 달하는 돈을 날리게 된다. 돈을 잃는 과정에서 조바심이 난 아라키는 여기저기서 돈을 더 끌어모아 더 많은 돈을 투기했고, 결국 단숨에 전 재산을 탕진하고 일본으로 도망가게 된다. 이 과정에서 아라키 한 사람으로 인해 인천 미두시장이 폐쇄되는 지경까지 이른다. 미두시장 폐쇄에 자기 주인이었던 아라키까지 없어져 버리니 반복창은 결국 실업자가 되었고, 매우 큰 상실감을 느끼게 된다. 망연자실한 반복창이 방황하던 중, 얼마 지나지 않아 다시 조선총독부에서 자본금을 늘려 미두시장을 재개방했고, 미두꾼들이 하나둘 미두시장에 모여들게 된다.

반복창 또한 여기서 현재 가치로 약 5천만 원에 달하는 돈을 들고 미두 투기에 뛰어들게 된다. 여기서 재밌는 일이 벌어지게 되는데, 지난 수년간 미두꾼들의 미두 거래를 중개하면서 미두꾼들의 행동(심리)과

가격 패턴(기술적 분석)을 오랫동안 분석해왔던 반복창은 매번 베팅하는 거래마다 연일 성공을 하면서 승승장구하게 된다. 어떤 때에는 단 한 번의 거래로 약 180억 원의 돈을 벌어들이게 된다.

결국 반복창은 단 1년 만에 5천만 원의 투자금을 무려 400억 원으로 불리게 된다. 그러면서 조선과 일본에 반복창의 이름이 널리 알려졌고, '미두의 신', '미두왕'이라는 별명이 붙게 된다. 그 이후에는 반복창이 미두시장에 나타나기만 해도 미두값이 급등락을 할 정도로 엄청난 영향력을 얻게 되었고, 그를 따르는 미두꾼 또한 많아지게 된다. 이때부터 그야말로 남 부러울 것 없는 삶을 살아가게 된다. 400평의 터에 200억 원을 들여 서양식 초호화 주택을 지어 살고, 당시 조선 제일의 미인 김후동과 결혼하기도 했다. 여기까지만 얘기를 들어보면 정말 남부러울 것 없는, 자수성가의 표본과도 같은 삶처럼 보이는 반복창의 삶에도 하나둘 균열이 시작되게 된다.

## 미두의 별이 지다

결혼을 성대하게 잘 마치고 난 반복창은 다시 미두 거래에 참여하기 시작했는데, 결혼 다음 해부터 이상하게 자꾸만 미두 시세가 자기가 예측한 대로 흘러가지 않는 것을 보게 된다. 예전이었으면 10전 10승이었을 거래의 승률이 날로 떨어졌고, 반복창은 시간이 갈수록 돈을 점점 잃게 된다. 손해를 만회하기 위해 더욱 투기적으로 과감하게 돈을 넣어 보았으나 번번이 실패하게 되면서 결국 모아두었던 수백억을 2년 만에 모두 탕진해버리게 된다. 게다가 설상가상으로 아내와 이혼하고, 사기 사건에까지 연루되면서 엄청난 스트레스를 받았던 반복창은 급기야 서른 살에 중풍에 걸리고, 불구가 되어버린다.

반신불수에 가깝게 몰락한 그였으나, 그 당시에도 결국 미련을 버리지 못하고 푼돈으로 정식 미두시장이 아닌 외부 한켠에서 쌀값의 등락을 맞추는 '합백'이라는 거래에 참여하게 된다. 오늘날로 치면 정규 선물옵션 시장이 아닌 사설 불법 투기 거래를 하게 되는 지경까지 이르게 된 것이다. 반복창은 그때도 나름 성과가 있었기에 사람들 사이에서 합백대장으로 불리기도 하지만 그렇게 폐인처럼 살다가 결국 10년 뒤, 40세에 세상을 떠나게 된다. 그의 스승인 아라키가 그랬듯이 반복창 또한 미두로 흥하고 미두로 망했던 것이다.

반복창과 아라키, 언뜻 보면 어리석어 보일 수 있다. '왜 굳이 막대한 재산을 쌓고도 계속 투기 거래에 참여했을까?'라는 의문을 가질 수 있

**당시 인천미두취인소**
출처: 인천광역시 홈페이지

다. 지금부터가 정말 중요한데, 사실 미두시장은 조선인들의 재산을 수탈하기 위한 일본의 계략에 의해 만들어진 시장이다. 즉, 인간의 탐욕과 투기 심리를 교묘히 이용해서 조선인들의 재산을 합법적으로 빼앗기 위해 차린 것이었다. 굉장히 충격적인 사실이 아닐 수 없는데, 사실 곰곰이 생각해보면 더 충격적이지 않을 수가 없다. 현대에도 이러한 시스템이 여전히 존재하기 때문이다. '인사이드 잡', '검은돈'과 같은 미국의 다큐멘터리나 관련 서적을 보다 보면 과거의 미두시장과 현재의 금융시장은 하나도 다를 것이 없다는 것을 깨닫게 된다.

일본이 조선에 미두시장을 개설했듯, 서양 세력이 전 세계에 선물옵션 시스템을 만들었고, 그것을 중개하는 미두 중개소(증권사, 거래소)와 같은 기관들도 여전히 존재한다. 미두시장에서 개인들은 늘 돈을 잃어왔듯이 현대의 금융시장에서도 개인들은 늘 돈을 잃는 쪽이다. 그리고 종종 아라키와 같은 거물들도 한순간에 돈을 잃고 재야에 묻혔듯, 현대의 기관 투자자들도 선물, 옵션 거래를 하다가 수조 원을 날리고 파산하는 일이 종종 생겨난다.

아케고스 캐피탈 창업자이자 천재 투자자 빌 황은 한국에서 태어나 고등학생 때 미국으로 이주했고, 이후에 명문대 졸업, MBA 과정을 거치며 엘리트로 성장해 금융계에서 이름을 날리게 된다. 그야말로 엄청나게 똑똑한 사람이다. 그러나 결국 투기 거래를 하다가 단숨에 10조 원 이상의 돈을 날리고 파산하게 된다. 아무리 많이 배우고 똑똑한 사람이라도 금융시장의 시스템 속으로 깊숙이 들어오는 순간 결국 몰락하게 되는 경우가 너무나도 많으며, 이러한 거래를 중개하는 증권사, 은행 등의 금융기관들(현대의 아라키)만이 큰 부를 쌓는다.

제시 리버모어의 사례도 마찬가지다. 반복창보다 조금 이른 1800년

~1900년대 미국에는 제시 리버모어라는 사람이 있었다. 10대 초반에 보스턴에서 주식 호가판을 정리하는 일을 시작했다가 15세에 주식, 상품 거래로 2천만 원을 벌었고, 전업 투자자의 길로 뛰어들어 20세에 결국 2억 원을 벌게 된다. 1906년 샌프란시스코 대지진으로 주가가 급락하자 지속적인 공매도를 통해 엄청난 돈을 벌기도 했고, 미국 대공황 당시에는 공매도로 1조 6천억 원에 달하는 돈을 벌기도 한다. 한때 '월가의 큰 곰'이라고 불리며 이름을 날리던 개인 투자자였으나 결국 여러 번의 파산과 성공을 거듭하다가 한 호텔에서 권총으로 극단적 선택을 하게 된다.

현대 사회에도 투기로 돈을 벌어들이는 사람들은 늘 있으나, 교묘하게 설계된 금융 시스템은 마치 카지노와 같아서 투기적인 방식으로, 특히 선물, 옵션 등에 높은 리스크를 갖고 투자하는 사람은 계속 오랜 시간을 머무를수록 실패할 확률이 더 높아지게 되고, 결국 반드시 돈을 잃고야 마는 구조로 이루어져 있다는 걸 알 수 있다.

# 만석꾼 농부는 있어도, 천석꾼 사냥꾼은 없다

오늘날 금융시장에 이 속담을 대입해 보자면, '수조 원대의 장기 투자자는 있어도, 수천 억대 단기 투자자는 없다'고 해석해볼 수 있다. 워런 버핏은 중장기 관점으로 자산을 모아가는 방식의 '현명한' 투자를 했고, 반복창과 제시 리버모어는 부단한 노력과 연구를 통해 단기적인 투기로 돈을 벌어들이는 '똑똑한' 투자를 했다. 결국, 장기적으로 늘 이기는 사람은 워런 버핏과 같은 현명한 투자자이지, 똑똑한 투자자가 아니다. 우리가 사냥꾼이 아닌 농부가 되어야 하는 이유다. 역사는 늘 반복된다. 시대가 변해도 인간의 탐욕은 변하지 않기 때문이다. 늘 천재 투기꾼들이 탄생하고, 또 몰락한다. 하지만 그 속에서 금융기관들은 100년 전이나 현재나 늘 돈을 벌고 있다.

우리는 투자를 시작하면 자연스럽게 이런 금융시장의 투기 시스템에 빠질 수밖에 없다. 언제나 더 많은 돈을 벌고 싶은 것이 인간의 본성이기 때문이다. 그래서 우리는 '똑똑해지는 것'이 아니라 '현명해져야' 하며, 이것이 우리가 금융시장에서 살아남을 수 있는 유일한 방법이다.

당시 미두시장에서 아라키나 반복창처럼 돈을 잃었던 사람만 있었던 것은 아니다. 당시에 미두재벌로 불리던 강익하라는 사람이 있었는데, 김구의 제자이면서 미두 중매점으로 큰돈을 번 재벌이었다. 반복창이나 아라키가 투기에 집중할 때, 강익하는 벌어들인 돈을 사회에 환원하는 데 앞장섰다. 나라에 어려움이 생기면 기부자 명단에 항상 강익하의 이름이 빠지지 않았다. 서신전기, 금익증권을 설립하기도 했고, 현재 한화생명의 전신인 대한생명을 설립하기도 한 기업가다. 그는 투기 거래에 직접 참여하는 대신 투기 거래를 중개만 할 뿐, 거기서 벌어들이는 수수료로 사업을 확장하여 더 큰 부를 쌓았다. 19세기에 많은 사람들이 금을 캐서 부자가 되기 위해 미국, 남미, 호주 등에 이주민들이 쏠리던 현상이 있었는데 그게 바로 그 유명한 골드러시다. 골드러시 당시에 금을 캐서 부자가 되려던 사람들 중 진짜 부자가 된 사람은 거의 없었다. 그러나 금을 캐러 온 사람들에게 곡괭이, 삽, 청바지 등을 팔았던 리바이스와 라자드(현 금융기관)는 큰 부를 쌓았다. 마치 반복창은 실패했지만 강익하는 성공한 것처럼 말이다. 결국 중요한 상황에서 어떤 길을 선택하느냐가 내 삶의 성공을 결정짓는 것처럼, 마찬가지로 투자의 성공에도 일정한 방정식이 존재한다.

## 김피비의 투자 성공 방정식 = 자본 + 실력 + 시간

완벽한 요리를 만드는 데에 레시피가 있다면, 투자로 성공하는 데에

도 완벽한 레시피가 있다. 그 재료는 바로 자본, 실력, 시간이다. 이 재료들을 적절히 섞어주면 성공 투자라는 최고의 요리가 탄생한다. 이 중 하나의 재료가 빠져도 요리는 완성될 수 없다. 요리에 소금, 설탕 하나만 빠져도 그 맛이 크게 달라지는데, 하물며 핵심 재료가 빠진다면 그게 과연 요리라고 할 수 있을까?

핵심 재료 없이 요리를 만들게 되면 어떨까? 겉보기에는 맛있어 보일 수 있지만 실제로 맛이 떨어질 수도 있고, 맛은 있지만 모양이 이상할 수 있다. 맛과 모양 또한 너무 좋더라도 향이 별로일 수도 있으며, 맛, 모양, 향이 완벽해도 건강에는 안 좋을 수 있다. 위의 세 가지 재료가 동시에 들어가야만 투자에 있어서 비로소 완벽한 요리가 완성된다. 즉, 우리는 투자 성공을 위해서 기본적인 투자금이 있어야 하고, 이 투자금을 적절히 운용할 수 있는 실력 또한 기본적으로 갖춰야 한다. 그리고 마치 숙성되어야 맛도 더 깊어지듯이 충분한 인내의 시간이 필요하다.

반복창과 제시 리버모어는 자본과 실력은 있었으나 시간이 부족했다. 대부분의 개인 투자자는 자본과 실력, 시간이 셋 다 부족하여 실패한다. 자본과 시간은 충분히 있더라도 좋은 종목, 좋은 투자법을 선택할 수 있는 실력이 없으면 이 또한 실패의 큰 요인이 된다. 실력의 경우엔 좋은 전문가를 잘 선택할 수 있는 변별력만 갖추더라도 어느 정도 외부에 의존할 수 있으나 자본과 시간은 절대적으로 필요한 요소이다. 김밥을 만든다면 자본이 김이고, 시간이 밥이며, 실력이 속 재료다. 속 재료가 없어도 충무 김밥까지는 만들 수 있는 것이다.

역사를 모르면 미래는 없다. 과거에 이미 수많은 사례에 나를 대입해 보자. 당신은 현명한 투자자인가, 아니면 똑똑한 투자자인가? 워런 버핏처럼 생각하는 바로 그 순간부터 우리는 워런 버핏이다. 그와 같이 생각하고, 그처럼 투자할 수 있도록 스스로 끊임없이 자기를 세뇌하라. 세뇌는 하나의 무기와도 같아서, 나쁘게 쓰이면 사이비 종교를 만들지만, 나 스스로를 단련하는 데 좋게 쓰면 평범한 사람도 위대한 투자자가 될 수 있는 최고의 무기가 된다. 김피비의 투자 성공 방정식과 성공한 투자자의 철학을 완벽하게 세뇌한 그 순간, 당신은 이미 위대한 투자자가 되어 있을 것이다.

Part 3.

# 주식, 더욱 힘든 시장이 온다

# 산이 깊으면 골이 깊다

지난 2020~2021년은 그야말로 돈 잔치였다. 모두가 쉽게 돈을 벌고, 대중들이 누구나 다 주식과 부동산, 비트코인과 친해졌다. 어디를 가도 사람들은 주식 얘기, 비트코인 얘기뿐이었고, 이런 사람들의 행동은 마치 일종의 문화와도 같았다. 하지만 2022년에 접어들기 전후로 슬슬 투자시장의 분위기가 싸늘해지기 시작했다. 바로 미국 연준의 금리 인상 때문이었다. 물가를 잡기 위해 40여 년 만에 가장 빠른 속도로 금리를 높이기 시작했고, 이는 투자자들의 자금줄이 씨가 마르는 일이었다.

금리가 높아진다는 건, 이자도 높아진다는 이야기다. 많은 사람이 주식, 부동산, 비트코인 등에 투자하려고 은행에서 대출을 받곤 했는데, 대출 이자에 대한 부담이 빠르게 높아지는 상황이 오니 투자시장에도 이전처럼 돈이 돌지 않았다. 자연스럽게 대부분의 자산이 하나둘 하락세를 보이기 시작했다.

'산이 높으면 골이 깊다'는 옛 속담이 있다. 뜻이 높고 클수록 생각도 크고 깊다는 것을 의미한다고 하는데, 주식시장에서는 '많이 올랐으면 그만큼 많이 떨어진다'는 말로 쓰인다. 버블이 없는 폭락은 없다. 가치에 비해서 비싼 종목은 시간이 오래 걸리냐, 적게 걸리냐의 차이일 뿐, 언젠가는 하락하게 되어 있기 때문이다. 길거리에서 500원 하는 볼펜을 10,000원에 팔면 아무도 사지 않겠지만, 주식시장에서는 500원짜리 가치의 주식이 10,000원이어도 팔린다. 참 신기한 일이다.

왜일까? 볼펜은 사행성이 없지만, 주식이나 비트코인과 같은 투자는 기본적으로 사행성이 있다. 시장의 흐름과 종목의 이슈에 따라서 크게 오르기도 하고, 크게 떨어지기도 하면서 우리에게 즐거움과 슬픔을 안겨다 준다. 수익의 짜릿함을 한 번 맛보게 되면, 사람들은 이 시장의 세계관에 빠져들게 된다. 마치 카지노에 빠진 사람처럼 말이다. 500원짜리 주식은 시장 상황에 따라서 때로 1,000원이 되기도, 250원이 되기도 한다. 앞서 소개한 금융 트라이앵글 이론에 접목시켜 보자. 적정가치가 500원인 주식이 언제 1,000원이 될까?

미국과 전 세계에서 저금리 기조를 유지하면서 양적 완화, 즉 돈을 열심히 푸는 정책을 한다. 그럼 전반적으로 시장에 돈이 돌면서 사람들의 경제 활동은 활발해진다(유동성). 경제 활동이 활발해지니 물건과 서비스를 파는 기업들의 실적도 계속 좋아진다(내재 가치). 만 원 쓰던 사람이 2만 원을 쓰고, 1개 살 것도 2개 산다. 그러면서 내 회사도 나에게 주는 급여가 많아지고, 사업을 하는 사람은 갑자기 일이 술술 풀리면서 여윳돈이 많이 생기게 된다. 그럼 마음의 여유도 더 생기고, 투자할 때에도 좀 더 적극적으로 하게 된다(심리). 지난 1년간 돈이 잘 벌

렸으니, 다음 1년도 잘될 것이라는 맹목적인 믿음 때문이다.

금융시장은 마치 우리의 몸과도 같다. 금리가 낮고 돈이 많이 풀린다는 건, 혈액순환이 잘 된다는 것이나 마찬가지다. 혈액순환이 잘 되니 병이 없고 건강한 느낌이다. 건강하니 아무 문제가 없을 것이라는 생각에 패스트푸드도 먹고, 운동도 게을리하고, 잠도 늦게 자는 습관이 점점 많아진다면? 분명 몸에 하나둘 문제가 생기기 시작한다.

경제도 낮은 금리와 돈이 풀리는 기간, 규모가 길어지고 커질수록 점점 과열돼서 뜨거워지기 시작한다. 그러면서 지나치게 풀린 돈들이 마치 우리 몸의 암 덩어리처럼 경제를 병들게 만든다. 특히 금융회사들은 돈이 풀릴 때 엄청난 탐욕을 부리게 된다. 금융 찌꺼기들을 모아 한데 묶어서 괴상한 금융상품을 만들어 고객을 유혹한다. 경제 위기가 시작되면 그 상품들은 대부분 모두 휴짓조각이 되어버린다. 실제로 현대 금융 시스템에서 늘 발생하는 일이다.

그 이후 경제가 붕괴되면 피해는 오롯이 죄 없는 대중들이 보게 된다. 국민들의 세금으로 경제를 다시 살리는 경우가 많기 때문이다. 경기가 어려워지면 정부가 열심히 지출을 늘려 경기를 부양하곤 하는데, 이 돈들이 다 어디서 나겠는가. 국민과 기업의 세금에서 나온다.

실제로 다음의 자료를 한마디로 정리하면 다음과 같다.

'소문난 잔치에 먹을 것 없다.'

개인 투자자들이 주식시장에 대거 유입되는 시기가 있는데, 그 이후엔 항상 향후 기대수익률이 낮다. 왜 그럴까?

펀드매니저 등 전문적인 투자자들은 기업의 미래가치를 분석하고 투자한다. 그러니 500원짜리 볼펜을 300원에 샀다가 500원에서 1,000원의 가격에 합리적으로 파는 거래를 한다. 하지만 개인 투자자

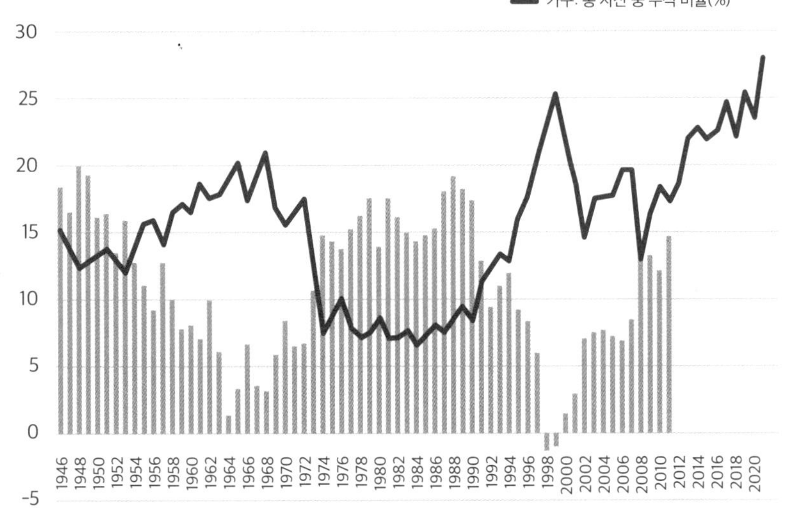


**미국 가계의 주식 투자 비중과 향후 주식 수익률, 1946~2020**
출처: Lyn Alden, US Federal Reserve, Prof. Aswath Damodaran

는 다르다. 이 볼펜이 500원짜리인지 1,000원짜리인지 구분할 능력이 없기 때문에 기호나 심리에 의해 매수세가 이리저리 쏠린다. 그럼 결국 500원짜리 볼펜이 2,000원에 거래되는 지경에 이른다. 그 이후 더 이상 인기가 없어지자 해당 주식이 다시 1,000원대까지 떨어지더라도 여전히 비싸기 때문에 기관이든 개인이든 누구나 사고 싶지 않아 한다. 하지만 보통 많은 개인 투자자는 사놓고 손실을 보면 묻어두고 잊어버리는 경우도 정말 많다.

그렇기에 그 주식이 다시 500원이라는 적정 가치에 오기까지 짧으면 몇 개월, 길면 10년 이상도 걸리게 된다. 그래서 개인 투자자들이 쌈짓돈을 싸들고 대거 주식시장에 몰려들게 되면, 기대수익률이 그 이후에 매우 낮아지게 된다.

현재는 미국을 기준으로 1946년 이후 가계 주식 투자의 비중이 최대 수준이다. 기록적인 수준에 달하는 상황이라 앞으로 짧지 않은 시간 동안 주식에서의 메리트는 없을 것이다. 왜냐면 주식으로 손실을 봤다는 사람들이 많아질 것이기 때문이다. 물론 개인 투자자들이 대거 들어왔다고 반드시 주식 투자에 미래가 없다는 게 아니다. 충분히 시간을 들여 찾아보면 여전히 매력적인 종목은 늘 시장에 있는 법이다. 단지 개인들이 몰려들수록 투자의 난이도가 높아진다는 것이다. 파이를 10명이서 나눠 먹다가 100명이서 나눠 먹게 됐는데 당연히 내가 먼저 일찍 움직이고, 더 부지런히 먹지 않으면 먹을 파이의 양이 줄어드는 것은 당연지사 아니겠는가? 그런 의미로 향후 10년간의 주식시장 수익률은 예전에 비해 메리트가 굉장히 적을 것이다.

전설적인 투자자이자 억만장자인 찰리 멍거나 드러켄밀러 등의 유명 투자자들은 시장의 거품에 대해 2022년에 끊임없이 경고했고, 향후 10년간 기대수익률도 많이 낮을 것이라고 얘기한다. 다 이러한 데이터들을 보고 판단한 결과일 것이다. 그럼에도 불구하고 주식 투자로 향후 10년간 높은 수익을 보고 싶다면, 뒤에서 얘기할 다양한 경제 예측 모델을 투자에 적용하고, 데이터를 통해 공개할 향후 10년의 트렌드에 대해 학습한다면 꽤 도움이 될 것이다.

# 18년간 800배 수익? 제2의 애플 찾기

필자는 어떠한 문제에 대한 본질을 탐구하는 것을 좋아한다. 고(故) 이건희 회장은 시계 사업의 본질을 '패션'이라고 표현했다. 시계는 원래 시간을 보는 용도로 쓰이던 것인데, 이제는 누구나 쉽게 스마트폰을 열어서 시간을 확인할 수 있는 세상이 됐다. 그래서 시계는 더 이상 시간을 보는 용도로는 큰 쓸모가 없다. 하지만 여전히 많은 사람이 수백만 원, 수천만 원을 들여 고가의 시계를 구매하고 있다. 대부분 품위 유지, 취미 내지는 재력을 과시하는 용도로 쓰고 있다. 그래서 시계는 더 이상 시간을 보는 용도가 아니라, 패션 사업인 것이다.

그럼 주식 투자로 수익을 낼 수 있는 본질은 무엇일까? 딱 한 마디로 표현할 수 있는 방법이 있을까? 필자는 이것을 알고 싶어 정말 많은 시간을 공들여 연구했다. 그리고 스스로 만족스러울 만한 답을 찾았다.

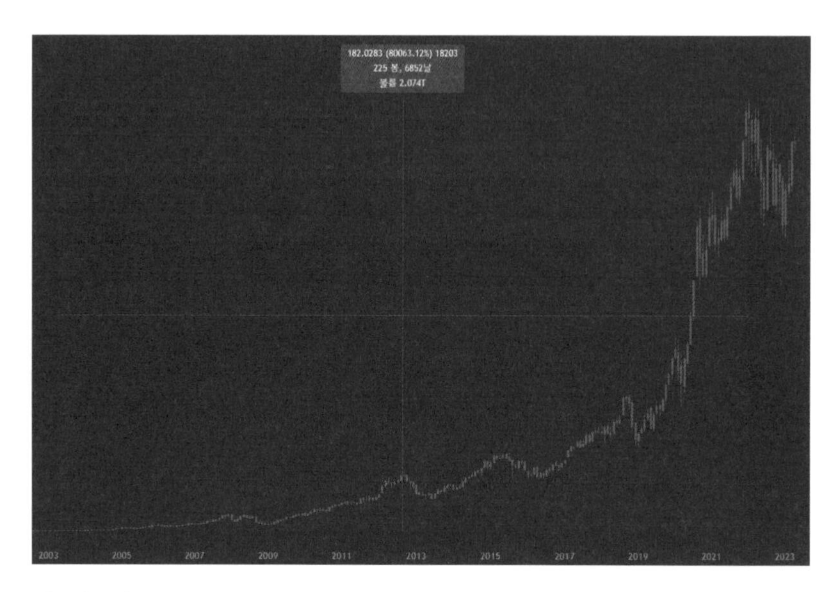


**애플의 주가, 2003~2023**

출처: TradingView

그것은 바로 '기업의 이익 성장률 전망치'다. 쉽게 말하면, 앞으로 이익이 크게 늘어날 것으로 기대되고, 기업 이익이 계속 꾸준히 늘어나는 기업이 주가가 크게 오른다. 애플을 예로 들면 이해가 빠르다.

애플은 2003년 저점부터 2022년의 고점까지 무려 800배까지 상승했다. 단 18년 만에 일어난 일이다. 만약 내가 18년 전에 1억을 묻어두었다면, 무려 800억이라는 어마어마한 돈을 손에 쥘 수 있었다. 800배가 아니라 80배만 수익을 봤더라도 매우 큰 성공이었을 것이다. 그럼 애플은 과연 이익이 꾸준히 성장하는 기업이었을까?

당연하다! 애플은 심지어 닷컴버블, 금융위기와 같이 경제가 크게 침체되고 어려웠던 시절을 포함해서 꾸준히 성장했으며, 2005년부터 2022년까지 순이익이 무려 75배가 증가한다. 20년 전에는 대부분

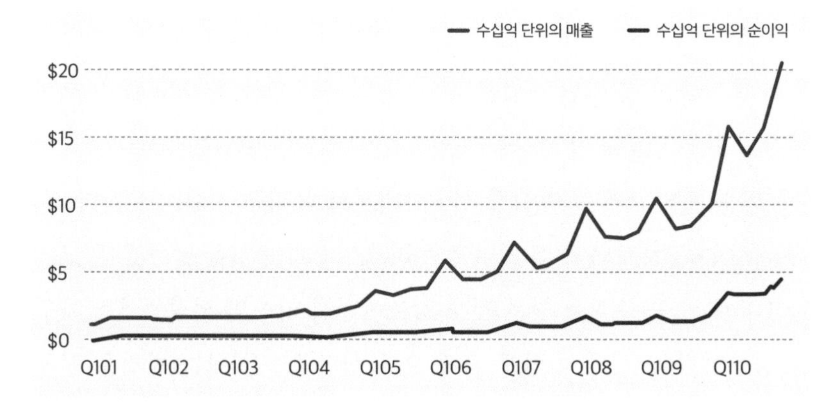


**애플의 매출과 이익 성장세, 2001~2010**

출처: LowEndMac

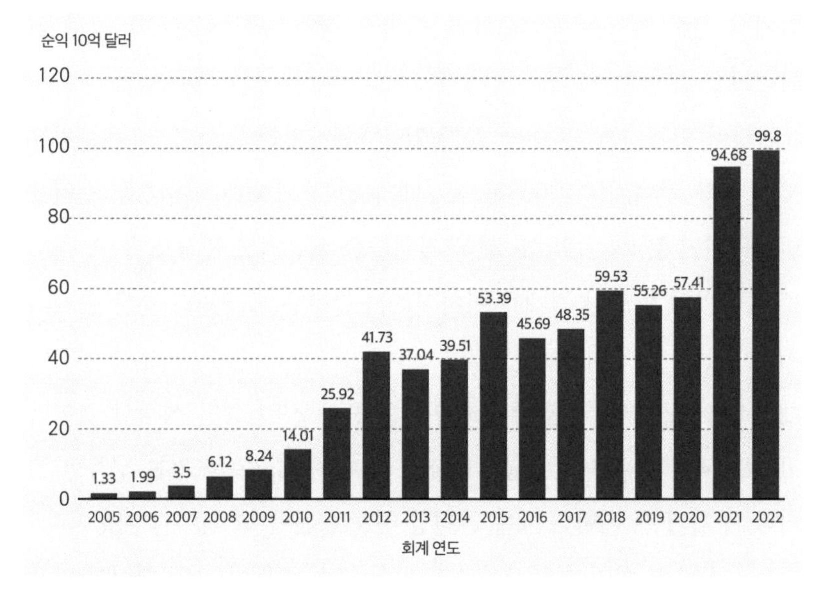


**애플의 회계연도별 순이익, 2005~2022**

출처: Statista

이 몰랐던 조그마한 회사가 오늘날엔 전 세계 사람들의 생활방식 자체를 바꾸고 영향력이 있는, 미국의 시가총액 1위 기업이 되었다. 진정한 주식 투자라는 건 이런 기업을 찾아 그 회사의 지분(주식)을 사고, 오랜 시간 동안 동업하듯이 성장을 지켜보는 짜릿함이 아닐까?

워런 버핏의 스승이자 성장주의 아버지로 불리는 전설적 투자자 '필립 피셔'는 모토로라 주식 하나로 무려 2,500배 수익을 달성했다. 그는 늘 100배 오를 주식을 찾는 것을 강조하면서 자신의 서적에서 노하우를 공개했다. 그런데 이렇게 크게 오를 성장주들을 찾는 방법은 결국 '회사의 이익이 앞으로도 꾸준히 성장하겠는가'를 판단하기 위한 세부 방법론에 불과하다. 본질은 결국 기업의 이익이다. 기업의 존재 이유 제1번은 역시 이윤 추구이다. 투자를 적극적으로 유치 받고 있는 초기 단계의 기술 기업을 제외한다면, 이익을 내지 못하는 기업을 과연 기업이라고 봐야 할까?

이익이 없는 기업은 대가 없이 일을 하는 것인데 그럼 결국 자원봉사나 다를 것이 없다. 자원봉사도 대가 없이 세상에 기여하듯, 수익을 벌어들이지 못하는 기업도 결국 직원들을 채용하고 월급도 주고, 경제도 돌아가게 만드니 경제에 이바지하는 부분은 있겠지만 결국 존재의 제일 우선되는 원칙을 잃은 것과 같다. 이익을 꾸준히 내고, 그 이익이 매년 10%, 20%씩 성장하며, 향후에도 오랜 시간 동안 성장할 것이라고 생각되는 주식을 찾았다면 당신은 이미 주식으로 80%는 성공한 셈이다. 주가가 쌀 때마다 계속 담기만 해도 큰돈을 벌 것이기 때문이다.

물론 꾸준히 이익이 성장한다고 해서 그런 종목이 모두 매력이 있는 것은 아니다. 예를 들어, 회사의 이익이 매년 20%씩 성장한다고 해도, 주가수익비율(PER)이 50 수준으로 고평가되어 있다면 그 주식은 매력이 없을 가능성이 크다. 쉽게 생각해보자. PER이 50이라는 건 그 기업이 1년간 벌어들이는 이익의 50년 치를 모아야 그 회사를 살 수 있는 정도라는 것이다. 매우 비싼 수준으로 평가되고 있는 것이다.

더 쉽게 풀어보자. 장사를 잘하는 지인이 어느 날 나를 찾아와 자기가 그간 열심히 살아서 이제는 잠시 일을 쉬고 싶다며 운영하던 가게를 사라고 권한다. 1년에 1억의 순이익이 나오는 음식점인데, 이걸 50억 주고 사라고 한다. 당신은 이 가게를 50억 주고 사겠는가? 나라면 지인에게 시원한 물 마시고 정신 좀 차려 보라며 얼음물을 갖다 줄 것이다. 이게 PER이 50인 기업에 투자하는 것과 같은 이치다.

그럼 1년에 1억 정도 순이익이 나오는 가게는 얼마 정도 주고 사면 적정한 가치일까? 보통 일반적으로 주식시장이 아닌 필드에서는 안정적으로 잘 유지되고 있는 자영업 매물이나 사업하던 법인을 매수할 경우 싸게 사면 3배수 내외, 비싸게 사면 10배수 내외 정도다. 즉, 순이익이 연에 1억 정도 나온다면 한 3억에서 10억 정도 주고 사는 격이다. 내가 그 가게를 3억 주고 사면 3년 뒤에 3억이 벌릴 테니 투자한 돈은 거의 다 회수하는 셈이다.

주식시장에서는 보통 1억짜리 가게를 10억 정도 주는 게 일반적이다. 5억 정도 주고 사면 싸다고 보고, 20억 정도에 사면 비싸다고 본다. 보통 20억(즉, PER 20) 이상 주고 사는 주식들은 기술 관련 기업이나 헬스케어 관련 기업들이 대부분이다. 잘 운영하면 이익이 크게 늘어날 수 있는, 부가가치가 높은 사업들이라고 볼 수 있겠다.

다시 쉽게 한번 풀어보자. 여러분들이 약간의 사업 수완이나 기질이 있다면, 이익을 1년에 1억씩 내는 가게를 3억 주고 산다고 했을 때, 절대 정직하게 3년간 원금 회수할 생각은 하지 않을 것이다. 내가 원래 사업에 자질이 있다면, 이익 1억 내던 가게를 1.5억 내게 만들어서 2년 만에도 원금을 회수할 수 있기 때문이다. 주식도 마찬가지다. 비록 당장 이익이 1억씩 나는 회사더라도, 이 회사의 이익이 매년 2배씩 성장하고 있다고 쳐보자. 올해엔 1억이지만 내년엔 2억, 그다음 년엔 4억, 또 그다음 년엔 8억… 5년만 지나도 32억이고, 10년이면 1,024억이다. 그럼 이 회사의 가치도 그만큼 기하급수적으로 상승하지 않을까?

PER을 10으로 가정해보자. 회사의 가치, 즉 시가총액을 이익의 10배로 쳐주는 것이다. 이익이 연에 1억씩 나는 회사이며 10배를 쳐준다면 이 회사의 시가총액은 10억이다. 그런데 매년 이익이 2배씩 늘어나서 5년 뒤 8억이 된다면? 이 회사의 가치를 예전처럼 10배로 쳐준다면 무려 회사 가치도 80억까지 늘어난다. 10년이 지나면 이 회사의 가치는 1조 원이 된다. 이익이 1년에 1,024억이고, 회사의 값어치를 10배를 쳐주기 때문이다.

하지만 현실의 주식시장에서는 이렇게 빠르게 성장하는 종목은 역시 사람들이 값을 비싸게 쳐준다. 그럼 이렇게 이익이 탄탄하게, 빠르게 성장하는 종목을 찾는 건 어떻게든 찾겠는데 그렇다면 얼마 정도 주고 사야 적절하게 샀다고 볼 수 있을까? 이런 고민은 우리만 했던 게 아니다. 주식시장 역사가 400년인데 당연히 우리 같은 고민을 한 투자자들이 얼마나 많았겠는가? 대표적으로 피터 린치라는 전설적인 투자자가 있다. 워런 버핏이나 앞서 소개한 필립 피셔처럼 미국에서는 매우 전설적인 투자자다. 그가 운용하던 마젤란 펀드는 13년간의 운용기간 동안 연평균 29.2%라는 놀라운 수익률을 기록했는데, 이는 워런 버핏의 연평균 수익률보다 매우 높은 수준의 수익률이다. 피터 린치는 PEG라는 개념으로 간단하게 정리했는데, PEG는 PER을 EPS(주당순이익) 성장률로 나눈 것이다. 이걸 공식화하면 다음과 같다.

**PEG = PER / EPS 성장률**

PEG는 낮을수록 좋다. 낮을수록 그 기업의 이익 성장률에 비해서 주가가 저평가되어 있다는 것이다. 에임리치 콘텐츠의 '피터 린치의 투자를 따라 하자'에 따르면 PEG 전략에 시가총액 하위 80%, 부채비율 200% 이하, 낮은 PEG, 높은 순이익 증가율을 적용해서 전략에 대한 검증을 해본 결과, 2003년 4월부터 2022년 12월까지 누적수익률은 4,497%(동 기간 코스피는 292% 기록), 연평균 수익률은 21% 수준으로, 워런 버핏 수준의 수익률이 나왔다. 20여 년간 1억을 투자했으면 무려 약 45억 원이 되는 마법이 벌어진다.

즉, 시가총액이 가벼운 소형주 중에서 빚이 그리 많지 않으면서도 순이익은 매년 높게 성장하고, 순이익 대비 주가가 저평가된 종목을 찾아서 투자하면 꽤 높은 수익률을 달성할 수 있었던 것이다. 이렇듯 이익이 매년 꾸준히 성장하면서도 이익 성장률 대비 저렴한 종목을 찾으면 큰 수익을 내는 데 강력한 무기로 활용할 수 있다.

# 신흥국 중소형 가치주에 돈이 몰린다

지난 10년간 미국 주식시장에 전 세계의 돈이 몰렸다. 미국 주식들은 날개를 단 듯 높이 상승했고, 미국인뿐 아니라 미국 주식에 투자한 많은 사람이 돈을 벌었다. 특히 지난 10년간의 트렌드에서 가장 수혜를 많이 본 기업은 바로 '테슬라'다. 테슬라의 CEO 일론 머스크는 테슬라를 창업하고 난 이후 2022년, 가장 큰 부자가 되었다. 테슬라 주식이 연일 폭등하면서 결국 일론 머스크는 전 세계 1위 부자가 되었다. 그렇다면 과연 정말 테슬라가 대단한 기업이어서 이렇게 폭등했던 것일까?

나는 반은 맞고 반은 틀리다고 생각한다. 정말 세상에 큰 영향력을 미치는 혁신 기업이며 훌륭한 CEO가 운영하는 기업은 맞다. 앞으로 세상을 어떻게 바꾸어 놓을지 높은 기대감이 있는 것도 사실이다. 하지만 전 세계 1위의 부자이자 테슬라의 주가 폭등을 만든 것은 일론 머스크가 아니라 '트렌드'다. 패션에도 유행이 있듯, 분명히 주식시장에도 유행이 있다. 때로는 금융주가 주목받고, 때로는 기술주가 주목받으며, 때로는 덩치가 큰 주식이, 때로는 덩치가 작은 주식이 주목을 받는다.

그뿐인가. 때로는 미국 주식이 주목을 받을 때도 있고, 때로는 미국이 아닌 신흥국이나 기타 국가들의 주식이 주목받을 때가 있다. 즉, 국가와 산업(섹터), 규모별로 유행을 탄다. 그리고 이런 유행은 주기를 두고 매번 반복되어 왔다. 놀랍지만 이게 진실이다. 그리고 빅데이터로 분석한 결과, 앞으로 향후 10년은 미국 주식보다는 신흥국 주식이, 성장주보다는 가치주가, 대형주보단 중소형주가 주목받을 것이다. 즉, 매크로 분석 관점에서 가장 수혜를 볼 만한 주식은 '신흥국 중소형 가치

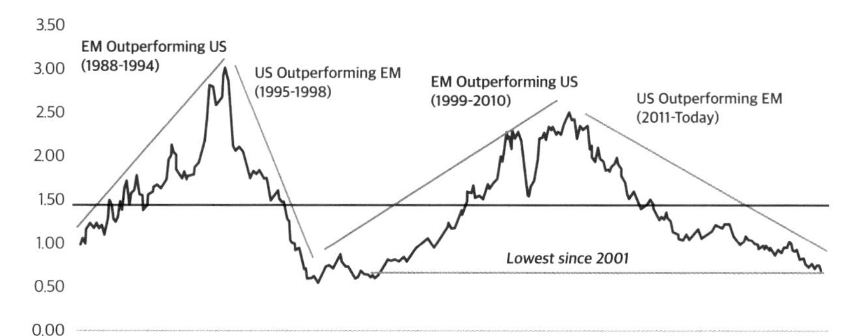


| 기간 | MSCI EM 총 수익률 | S&P 500 총 수익률 | 차이 |
|---|---|---|---|
| Jan 1988-1994 | 599% | 133% | 466% |
| Oct 1994-Jan 1999 | -44% | 202% | -246% |
| Fdb 1999-Sep 2010 | 392% | 10% | 382% |
| Oct 2010-July 2022 | 28% | 357% | -329% |

**MSCI 신흥국 주가지수 대 미국 S&P 500의 성과**

출처: Compound

주'다. 그럼 바로 데이터로 검증을 해보자.

이 자료는 신흥국 주식과 미국 주식의 상대성과를 보여주는 자료다. 몇 년은 신흥국 주식이 엄청나게 수익을 잘 냈고, 몇 년은 또 미국 주식에서 수익이 잘 나왔고, 또 신흥국, 또 미국 이렇게 반복이 된다.

1988년부터 1994년까지는 신흥국 주식의 시대였다. 미국 주가지수가 133% 오르는 동안 신흥국 주식은 무려 599%(!)가 상승해서 미국 대비 466%의 초과 수익을 올렸다. 그 이후 약 5년간은 신흥국 주식이 큰 메리트가 없었다. 1994년부터 1999년까지는 미국 주식의 시대가 열리면서 신흥국 쪽에서는 -44%, 미국 주식에서는 202% 수익이 나오며 미국 주가지수가 신흥국 주가지수 수익률을 크게 앞섰다. 이렇게 앞다투어 짧으면 5년, 길면 10년가량의 주기를 두고 유행은 순환한다. 여기서 한 가지 재밌는 사실은, 역시 산이 높으면 골이 깊다는 것이다. 1988~1994년까지 대략 600%의 수익을 올린 신흥국 주식은 그 이후 -44% 손실이 발생한다. 버블이 크면 붕괴의 규모도 클 수 있다는 사실을 우리는 알 수 있다.

자, 2010년부터 2022년까지는 무려 12년가량의 시간 동안 미국 주식이 신흥국 주식을 크게 앞섰다. 여러분들은 앞으로 5년에서 10년 동안 어떤 국가의 주식을 선택할 것인가? 아무래도 가능성 측면에서는 신흥국 주식이 트렌드일 가능성이 높다고 볼 수 있다. 해당 내용은 다른 데이터와 함께 교차 검증한 내용이기에 신빙성이 높다. 그러나 신중히 접근하려면 단순히 신흥국 주식이라고 해서 무조건 환호할 것이 아니라 꾸준히 성장하면서도 성장세에 비해 저평가된 국가와 종목을 찾아야 할 것이다.

가령 예를 들어보자. 인도는 신흥국에 속한다. 그리고 인도는 어마어

**가치주/성장주와 소형주/대형주 성과 비교**

출처: Bloomberg, Merk Investments

마한 성장세를 보여주고 있고, 인도에 메리트가 있는 종목은 너무나도 많다. 하지만 개인이 인도의 개별 주식을 매수하기도, 분석하기도 어렵다. 또, 인도는 그간 성장세만큼 너무나도 과열되어 높은 평가를 받는 주식이 많이 등장했다. 주가지수도 너무 많이 올랐다.

산이 높으면 골이 깊다. 어느 정도 과열된 부분이 있기에 개별 종목은 좋을 수 있으나, 인도 주가지수에 대한 투자는 메리트가 떨어질 수 있어서 주의가 필요하다.

트렌드상 유망한 국가를 알아봤으니, 다음은 주식의 스타일에 따라서 어디가 유망한지 알아보자. 위 자료는 가치주 대 성장주, 소형주 대 대형주의 성과를 비교했는데, 결론적으로 가치주는 소형주 대비 확실히 인기가 없었다가, 이제 막 바닥에 도달하고 가치주로 돈이 몰리는 모습을 확인할 수 있다. 또한 소형주도 대형주 대비 짧지 않은 시간 동

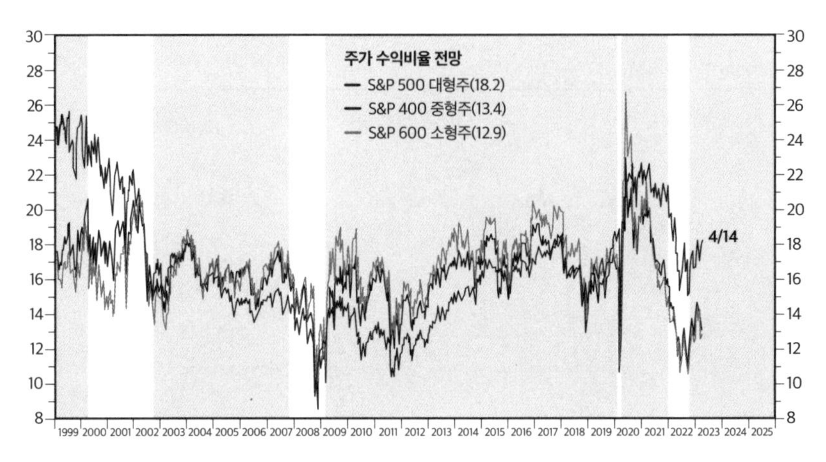


**대형주, 중형주, 소형주별 포워드 PER 추이**

출처: Yardeni Research

안 외면받아 온 느낌이 든다. 근데 자료를 보면 과연 소형주가 대형주 대비 확실히 주목을 적게 받았는지 확신이 들지 않는다. 그럼 다른 자료를 한번 보자.

또한 위 자료는 종목의 크기별로 주가가 고평가되었는지, 저평가되었는지 알 수 있는 자료다. 보면 파란 선은 2001년경을 기점으로 2018년까지 중소형주의 대비 저평가를 받아왔다. 무려 18년의 기간 동안 그래왔다. 그래도 비교적 동행하는 모습을 보여줬는데, 2020년을 기점으로 대형주가 중소형주를 크게 앞서기 시작했다. 즉, 대형주는 중소형주 대비 계속 꽤나 크게 고평가를 받고 있다는 것이다. 확실히 코로나로 인해서 산업 트렌드가 완전 뒤바뀌었고, 원래 규모가 크고 단단하던 회사는 수혜를 많이 봤지만 그렇지 않은 많은 중소기업은 오히려 코로나 지원 혜택이 무의미할 정도로 큰 성장을 이루지 못했다.

그렇다 할지라도 기대감의 관점에서 봤을 때 여전히 대형주가 중형주, 소형주 대비 상당 부분 고평가되어 있는 점은 사실이다. 여전히 대형주는 장기적인 관점에서 저렴하진 않은 편이고, 중형주, 소형주는 장기적인 트렌드로 비교해보면 꽤 저렴해진 편이다. 즉, 대형주보단 중소형주의 메리트가 더 높다고 할 수 있다. 이 자료뿐 아니라 여기서 소개하는 자료들은 다양한 출처의 자료와 로데이터들을 기반으로 교차 검증한 결과이기에 신뢰도가 높다.

잠깐, 여기서 주의할 점이 있다. 분명 빅데이터를 이용한 트렌드 파악은 돈이 몰리는 곳을 아는 데에 도움이 된다. 하지만 그렇다고 성장주에서 돈을 벌 수 없다거나, 미국 주식이 큰 메리트가 없다는 얘기는 아니다. '돈의 유행과 흐름'이 어디로 갈지를 예측하는 것뿐이지, 현재 유행을 타지 않거나 한물갔더라도 여전히 힙합 스타일을 좋아하고 정장을 입는 사람이 있듯 여전히 괜찮은 주식은 유행이 아닌 곳에도 존재한다. 심지어 성장주들은 한 번 상승하기 시작하면 높은 가치를 부여받는 게 보통이어서 비록 유행에서 벗어나더라도 얼마든지 단기간에 10배, 20배 상승할 수 있는 가능성은 있다. 즉, 우리는 대세를 보는 것일 뿐이지 정답을 보는 것은 아님을 명심하자.

# 큰 수익은 바로 '이곳'에서 터진다

삼성전자는 1992년부터 2021년까지 바닥 대비 무려 368배나 상승했다. 삼성전자는 왜 이렇게 많이 올랐을까?

당연히 기업의 매출과 이익이 계속 성장해서 그랬겠지만, 일단 국가 자체적으로 성장했기 때문이다. 삼합이 잘 맞아떨어져서 고속 성장을 한 덕분이다. 혹자는 '기업이 성장했으니 국가가 성장한 것 아닐까요?' 반문할 수 있다. 당연히 기업의 성장이 곧 국가의 성장이지만, 아직도 많은 후진국의 상황은 어떻게 설명할 것인가? 국가 정책, 문화 등 국가 자체의 근본적인 구조도 기업의 성장에 큰 몫을 차지한다.

한국의 경제성장률을 보자. 1962년 이후로 2000년대까지 세계 경제성장률을 매우 크게 뛰어넘어 고속 성장했다. 국가가 성장하면서 수혜를 보는 것은 당연히 기업들이다. 가장 먼저 수혜는 기업이 보고, 그

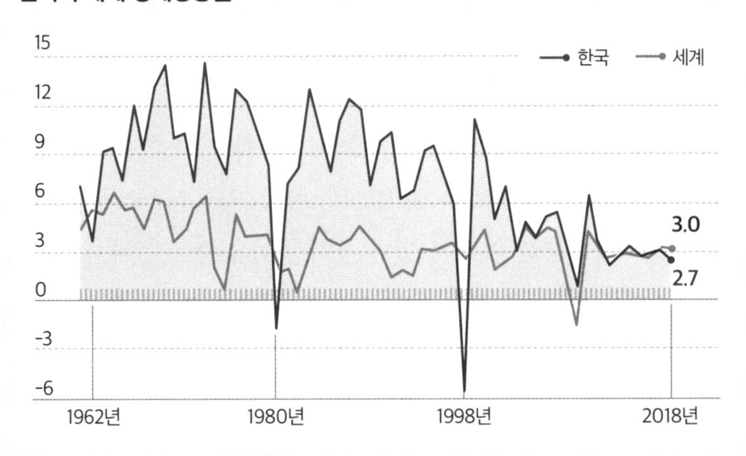


**한국과 세계의 경제성장률**
출처: 중앙일보

뒤에 국민들의 살림살이가 뒤따라서 나아지기 시작한다. 즉, 성장하는 국가의 주식은 기본적으로 매수할 메리트가 높다. 비록 정보의 불균형이 심각하더라도 말이다.

중국은 수십 년 전만 해도 우리나라에 경제 원조를 받던 국가라고 한다. 그런데 어느새 고속으로 성장해 이제는 미국을 위협하고 있다. AI와 빅데이터를 기반으로 분석해보면, 머지않은 미래에 미국은 갈수록 쇠퇴하고, 중국이나 인도와 같은 아시아 국가들이 패권을 차지할 것으로 보인다. 이것은 필자의 의견만이 아니라 골드만삭스, SC 등 전 세계 탑급 수준의 금융기관이 전망하는 내용이기도 하다.

그럼 우리가 성장하는 국가의 종목을 공략한다면? 아무래도 수익을 보는 데 한결 수월할 것이다. 그럼 앞으로도 고속 성장을 할 수 있는 국가들을 어떻게 찾을 수 있을까?

가장 간단한 방법으로는 경제성장률(GDP 성장률)이다. 전 세계의 경제성장률은 조금만 검색하면 누구라도 쉽게 찾아볼 수 있다. 경제성장률이 짧지 않은 시간 동안 높은 수준을 유지해주는 국가를 찾아보면 된다. 그리고 또 하나 중요한 게 있는데, 바로 '인구'다. 중국이 오늘날과 같은 경제 강대국이 될 수 있었던 강력한 이유 중 하나이기도 하다.

중국의 내수시장은 어마어마하다. 중국 인구는 14억 명에 달한다. 한국에서는 음료수 팔아서 연매출 100억이면 큰 히트겠지만, 중국에서는 연매출 1,000억은 해줘야 히트라고 할 수 있을 것이다. 기본적으로 많은 인구가 뒷받침되는 국가는 성장의 가능성도 높고, 10배 상승할 주식도 탄생하기가 아주 좋은 환경이다. 그 기업이 성장할 원동력과 끼만 충분하다면 5,000만 명이 거주하는 한국에서 사업할 때보다 14억 명의 중국에서 사업을 하는 게 아무래도 더 빠르고, 더 큰 규모의 매출 성장의 가능성이 열린다.

하지만 인구만 많다고 꼭 투자하기에 좋은 것은 아니고, 인구 중에서도 더 중요한 건 바로 '인구 구조'다. 태어나는 아기는 적어지는데 노인 인구만 많아진다면, 그 나라의 성장은 점점 정체되어 갈 수밖에 없다. 지금 한국이 딱 그렇다. 전 세계에서 출산율 기준 꼴찌에서 1위를 차지한 우리나라는 무언가 혁신이 있지 않으면 상당히 미래가 걱정스러운 수준이다. 즉, 인구가 적정 수준 이상(최소 1억 이상)이면서도 젊은 인구들이 많고, 마치 우리나라가 그랬던 것처럼 문화나 구조 자체가 계속 성장할 수 있는 국가가 좋겠다. 또한 실제로 높은 경제성장률을 기록하고 있는 나라들을 찾아야 한다.

이러한 조건에 대부분 해당되면서 우리나라 사람들이 친숙하게 접근할 수 있는 국가 중 하나가 바로 동남아가 아닌가 싶다. 그중에서도 베트남이 우리랑 닮은 점이 많다. 한때 분단국가이기도 했고, 교육열도 굉장히 강하며, 베트남 사람들은 어른을 공경하고, 정도 많은 것이 한국과 많이 닮았다는 느낌이 든다.

베트남 등 현재 성장하고 있는 국가들에 투자하면 가장 큰 장점 중 하나가 바로 '상식선에서 투자할 수 있다'는 것이다. 베트남어도 모르고, 외국 기업에 투자하는 것에 대한 압박감과 부담감이 있지 않은가. 기업이 잘 성장하고 있는지 꾸준히 점검하고 분석해야 할 텐데, 언어도 다르니 참 난감하다. 하지만 우리는 이미 알고 있다. 우리의 역사를 조금만 되짚어보면, 한참 성장하던 시기에 어떤 기업들이 성장했는지, 어떤 과정으로 성장했는지를 기억해볼 수 있고, 찾아보면 어렵지 않게 매수할 만한 종목에 대한 아이디어를 얻게 된다.

우리나라에서 금융주는 배당을 많이 주지만 성장을 더 이상 많이 하지 못하는 사양산업이다. 우리나라 1인당 증권계좌 수는 금융 선진국인 미국보다도 많다. 이미 은행 계좌 없는 사람이 없고, 더 이상 금융기관들이 크게 성장할 동력이 마땅치 않다. 즉, 주식은 이익이 계속 성장해야 되고, 성장할 것 같은 전망이 되어야지만 크게 상승할 수 있는데 우리나라 금융주들은 성장성 부분에선 메리트가 크게 떨어진다.

하지만 베트남은 다르다. 아직 은행 계좌가 없는 사람도 꽤 있고, 증권계좌는 더더욱 없다. 주식이 뭔지 잘 모르는 사람도 태반이다. 경제가 꾸준히 성장하면 증권사도, 은행주와 같은 금융 관련주도 아주 자연스럽게 성장한다. 경제가 성장해서 돈이 많이 벌리면 그 돈을 보관할 곳도 필요할 것이고, 그 돈을 불리는 곳의 수요도 늘어날 것이 아닌가? 상식적인 선에서만 생각해봐도 그렇다. 그래서 베트남에서 금융주는 '성장주'다. 마치 미국의 테슬라나 넷플릭스처럼 금융주는 성장주의 반열에 있다. 사실 성장하는 국가의 산업은 웬만하면 다 좋다. 의류를 만들어서 팔든, 가전제품을 만들어서 팔든, 뭘 하든 잘 성장하곤 한다. 베트남의 금융주와 한국의 금융주를 비교해보면, 당연히 한국의 금융기관들이 안전성은 더 높지만, 성장성에서나 이익률 측면에서 베트남 금융주가 압승이다.

필자가 실제로 베트남이나 인도와 같은 고성장세 국가들의 주식을 분석해보면, 가치에 비해 너무나 저렴한 것이 많다. 에임리치 사이트와 유튜브에도 해당 국가의 종목들을 여러 차례 소개한 적도 있다.

그럼 섹터는 어떤 쪽이 유망할까? 우선 데이터 관점에서는 현재 에너지, 금융주 분야가 저평가되어 있다. 이런 산업의 트렌드도 주기를

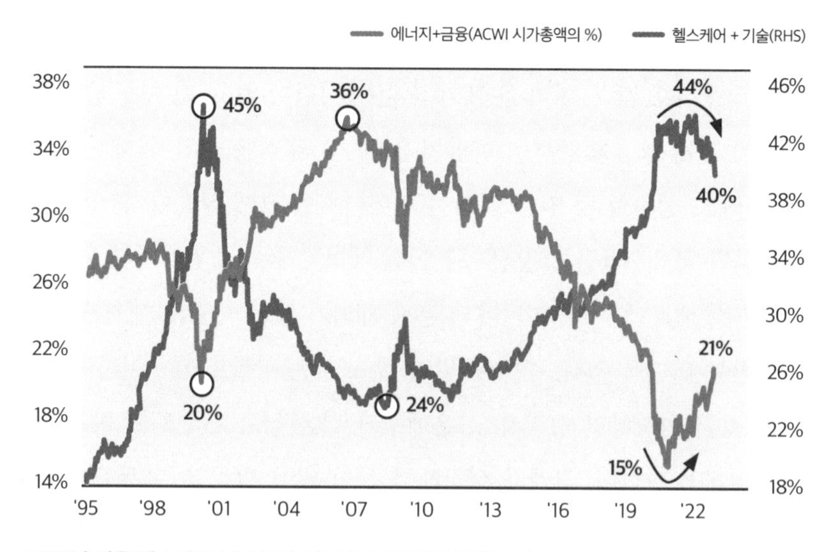


**1995년 이후 헬스케어+기술주와 에너지+금융주의 트렌드 비교**

출처: BofA Global Investment Strategy, Datastream

두고 순환하곤 하는데, 지난 10년간은 기술주, 바이오주 등 고평가되는 성장주 분야의 주가가 굉장히 잘나갔다. 그러나 앞으로는 원자재, 금융주 등 그간 저평가되어 있던 분야들이 다시 떠오를 것이다. 금융주들은 이미 현재도 다른 섹터의 주식과 비교해 보았을 때 가치에 비해서 지나치게 저평가되어 있다.

지난 10년간은 현금이 많고 자산이 많은, 그리고 기업이 탄탄하게 성장하는 회사들은 상대적으로 외면되어 왔고 그저 놀라운 기술을 갖고, 엄청난 비전을 갖고 있는 회사들이 크게 주목을 받았다. 워런 버핏식의 가치투자자는 바보 취급을 받았다. 하지만 향후 10년은 가치투자가 빛을 발하게 될 것이다.

지난 수년간은 그야말로 좀비기업의 시대였다. 기업의 제1원칙은 이윤 창출이다. 이익을 내지 못하는 기업은 더 이상 기업이 아니라고 할 수 있다. 이익이 곧 강력한 정체성 중 하나인데 이익을 내지 못하는 기업을 기업이라고 할 수 있을까. 실제로 미국 러셀 3000지수에 해당하

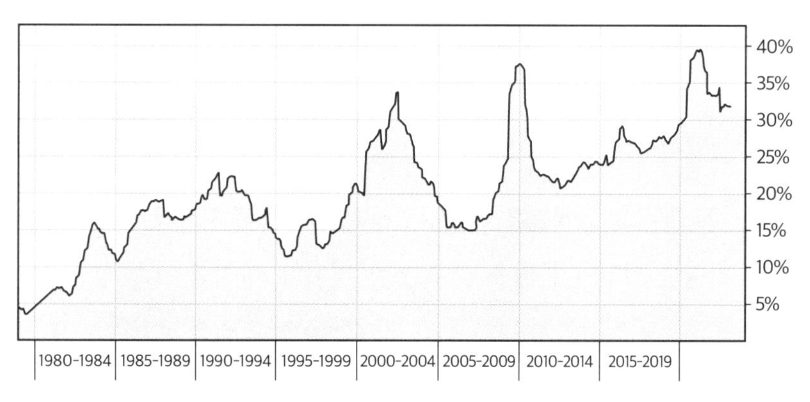


**미국 러셀 3000지수 중 무수익 기업의 비중**

출처: Bloomberg

는 기업 중 수익을 내지 못하는 무수익 기업의 비중은 30%를 상회해 40% 부근에 근접했다. 즉, 10개 중 4개의 회사가 수익을 내지 못하는 회사임에도 미국 증시에 버젓이 상장이 되어 있던 것이다. 1980년에는 무수익 기업의 비중이 5% 남짓이었으나, 이 비중은 점점 높아져 오늘날에는 20%를 기본적으로 상회하고 있다. 이는 경영 트렌드의 변화 때문이다.

이전에는 작게 시작해서 조금씩 성장하는 방식의 경영 트렌드였다면, 근래에는 아이디어와 실행력만 있으면 누구든지 수십억, 수백억의 투자금을 유치받을 수 있다. 그러나 사업이라는 게 시작한다고 곧바로 이익이 나진 않는다. 그 아이디어가 실제로 수익화되는 데까지는 3년이 걸릴지, 5년이 걸릴지 아무도 알 수가 없다.

그래서 거액의 투자금을 지속적으로 유치받으면서 그 돈으로 인력을 채용하고, 사무실도 좋은 곳에 자리잡는다. 좋은 인력이 있어야 좋은 성과가 난다며 높은 연봉 또는 좋은 스톡옵션 조건에 임직원을 채용한다. 그리고 실제로 매출도 많이 일으킨다. 하지만 1년이 지나고 3년이 지나도 여전히 수익은 나지 않는다. 하지만 그럼에도 CEO는 핑크빛 청사진을 주주들에게 브리핑하면서 현실적으로 10년이 걸릴 수익화를 3년 안에 하겠다며 비전을 발표한다. 이게 현대 자본시장과 경영 트렌드의 현실이다. 결국 그 기업이 고용을 많이 창출하고, 좋은 서비스를 출시해 고객들을 만족시키더라도 이익이 지속적으로 발생해야만 진정한 기업의 본질을 갖고 있는 것이다. 하지만 고속 성장이라는 이유만으로 지금까지 많은 투자자는 눈을 감고 귀를 닫았다.

PER이 50, 100 수준의 주식, 즉 이익의 50년치, 100년치를 모아야 그 회사의 총 주식 가치가 되는 매우 비싼 수준의 주식도 '그만큼 미래

가치가 높다'는 취지로 열심히 투자해왔다. 그게 지난 10년간의 주식 시장 트렌드였다. 하지만 투자자들은 이제 깨달았다. 단순히 미래를 바꿀 수 있고, 대단한 비전을 갖고 있는 게 중요한 게 아니라, 당장 다음 분기에 이익을 여전히 잘 내고, 또 그 이익이 성장하고 있는지, 앞으로도 이익이 꾸준히 성장할 수 있을지, 이익을 내는 규모에 비해 회사의 주가는 얼마나 저렴한지가 더 중요하다는 것을 말이다.

'위대한 기업이 위대한 주식은 아니다'라고 말하고 싶다. 세상을 바꾸는 위대한 기업도 결국 가치에 비해 지나치게 비싸다면, 안 사느니만 못하다. 물건 하나 살 때도 꼼꼼히 따져보고 1,000원, 2,000원 차이로 살지 말지 결정하는 사람들이 정작 내 돈 수천만 원을 투자할 때는 더없이 과감했다. 주식시장은 늘 우리에게 일정 수준만큼의 수익을 준다고 생각해야 한다. 어느 순간 주식시장이 나에게 과분할 정도로 과거에 비해 엄청나게 많은 수익을 가져다준다면, 향후에는 그만큼 덜 가져다줄 것도 생각을 해야 한다.

향후 10년간의 주식시장은 지난 10년보다 더 적은 수익의 파이를 두고 더 많은 투자자가 다투게 되는 시장이 된다. 지난 10년간은 2인분의 파이를 1명이 가져갈 수 있었다면, 향후 10년은 1인분의 파이를 3명이 놓고 다퉈야 하는 상황이 온다. 그 파이를 더 많이, 더 빨리 가져갈 수 있는 사람은 당연히 '더 많이 알고, 더 합리적인 사람'일 것이다. 좋은 회사의 주식을 저렴하게 살 수 있는 수준의 경험과 지식을 갖춘 사람에겐 앞으로 10년의 주식 투자도 거뜬하지만, 이전과 같은 방식으로 주식 투자에 접근했다가는 좋지 않은 결과를 더 빨리 맞이할 가능성이 아주 높다.

# 절대로 손해 보지 않는 투자원칙

## 나는 대장주만 쫓아간다

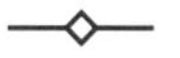

우리나라 1등 기업의 대표주자가 삼성전자라는 것에 이의를 제기할 사람은 없을 것이다. 삼성전자는 액면분할 이후에도 여전히 성장 중인 종목이며, 2021년 4월 말 주가가 8만 원을 넘었지만 앞으로 두 배 이상 올라도 이상하지 않을 만큼 좋은 기업이라는 것이 업계의 평판이다. 외국인 소진율이 예전보다 줄었다고는 하지만 여전히 55%에 육박하고, 시가총액이 491조 3,131억 원(2021. 4. 28)으로 시가총액 순위 1위이며 자타가 공인하는 글로벌 기업이다.

주식시장에서 10년 연속 1등을 유지하고 있는 삼성전자는 스마트폰 등 전자기기 시장을 선도하는 제품을 매년 출시하면서 소프트웨어에서도 혁신을 이어가고 있다. 게다가 고객 만족을 위한 A/S 등에서도 차별화를 이루는 등 종합적으로 1등 기업으로서의 입지를 굳혔다는 것이 중론이다. 이 같은 1등 기업에 투자하면 적어도 망하지는 않는다는 것이 주식 투자 업계의 정설이다. 업종마다 대표주 또는 1등주가 있는데, 이것만 잘 찾아서 투자해도 10년쯤 뒤에는 주가가 몇 배로 뛰어 있을 것이기 때문이다.

## 우량주를 장기 보유한다

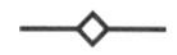

필자와 친한 회계사는 우량주에만 투자한다는 원칙을 고수했다. 그는 자신의 포트폴리오에 코스닥이나 제3시장의 종목은 절대 넣지 않고 오로지 코스피의 우량주만 넣는다고 했다. 그가 특히 좋아하는 종목은 삼성전자, 한국전력공사, 포스코, SK하이닉스, 한국타이어 등이었다. 이 종목들의 공통점은 모두 업종별 1위, 누구나 잘 아는 우량주라는 것이다.

그는 자신이 주식에 대해 공부를 많이 하지 못했고, 스캘핑(scalping) 같은 단기 투자에 소질이 없다는 것을 잘 알기에 우량주 투자 원칙을 고수한다고 했다. 아울러 1등 주는 장기적으로 떨어질 염려가 거의 없어 복잡한 분석이 필요 없고, 그냥 주가가 오를 때까지 기다리기만 하면 되니 정말 편한 투자라는 것이다.

필자도 그의 투자 방식에 공감한다. 이 투자 방식이야말로 워런 버핏이 말한 가치투자의 일종이 아닌가 싶다. 여기에 재무제표를 통해 재무적인 성장성, 수익성, 안정성 분석을 통한 확신까지 더해진다면 더할 나위 없이 좋은 투자 방식이라고 생각한다. 물론 이 방식을 선택할 경우 단기적으로 큰 수익을 얻긴 어렵다. 하지만 주식을 도박의 일종으로 여기며 초단기간에 월급을 벌어가려 하는 주식꾼(?)이 아니라면 이 방식으로 10년 후 부자를 꿈꿔보는 것도 나쁘지 않을 것이다.

친한 투자고수 형님도 국내에서 독점적 지위를 지닌 기업의 종목이나 세계 1위의 기업에 투자하는 비중을 높이라고 말한 적이 있다. 이런 기업은 시장의 변동 속에서도 언젠가는 빛을 보고 주가가 몇 배로 오른다. 그 기업이 성공할수록, 그 기업의 제품이 많이 팔릴수록 내가 보유한 주식의 가격도 오르게 되니 그 기업이 1등이라면 그만큼 확실한 투자가 어디 있겠는가.

## 최대주주의 주식 매입이 신호다

보통 어떤 종목의 주가가 상승할 때 재미있는 현상이 발생한다. 바로 최대주주의 주식 매입이 있다는 점이다. 예를 들면, 신성통상의 경우 2020년 10월 27일자 '최대주주 등 소유 주식 변동신고서'를 보면 일주일 동안 최대주주인 ㈜가나안이 약 40억 원 정도의 주식을 추가 매수한 사실을 알 수 있다. ㈜가나안의 대표이사가 신성통상의 대표이사인 것을 보면 어떤 호재가 있었던 것이 분명하다는 분석을 할 수 있다. 대주주의 지분 매입은 경영자의 책임경영과 관련해 주가를 상승시키는 요인으로 잘 알려져 있다. 실제로 그 당시 주가가 단기적으로 상승하기도 했다.

필자와 친한 주식고수 형님은 주식 차트를 전혀 보지 않고도 높은 수익을 내는 것으로 유명했다. 내가 1년 이상 곁에서 지켜보니 그 형님은 주식시장의 주가 변동에 대해서는 크게 신경 쓰지 않았고 매일 주가를 보는 것도 아니었다. 게다가 일단 주식을 사면 거의 팔지 않고 보유하는 편이었다. 그분의 투자 비결 가운데 하나는 대주주가 지분을 매입하는 종목을 잘 분석한 뒤 기업 성장성이 좋다고 판단되면 투자하는 것이었다.

## 2~3년을 보고 투자하라

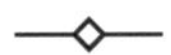

주식고수들은 주가가 하락해도 대주주가 자신의 지분을 늘리면 이를 좇아 주식을 더 산다. 주가가 떨어질 때마다 싼값으로 좋은 주식을 살 수 있다는 생각으로 투자를 진행한다. 해당 종목의 주가가 떨어져도 시장이 완전히 망하거나 기업에 치명적 악재가 없는 한 1~2년 뒤에는 반드시 주가가 오른다는 것이 그분의 설명이었다. 그분은 이런 방식으로 3년 이상 장기 투자를 해서 결과적으로 고수익을 올렸다.

대주주의 주식 매수 기사는 인터넷 뉴스에도 자주 등장하며, 금융감독원의 전자공시시스템(dart.fss.or.kr)에서 '주식 등의 대량보유 상황보고서'를 찾아보면 쉽게 알 수 있다. 이런 방식으로 투자해서 수익을 거둔 종목이 생각보다 많은데, 대표적인 것이 2016년에 바이오 종목으로 크게 이슈가 되었던 휴젤과 셀트리온이고 매년 상승세를 이어온 삼성전자도 마찬가지다.

주식 투자자들이 대주주의 움직임을 보고 따라 하기만 해도 안전하게 수익을 올릴 수 있다. 주식시장에서 해당 종목에 대해 대주주만큼 애착을 가진 이도, 성장성과 수익성을 그만큼 잘 아는 이도 없기 때문이다.

## 워런 버핏의 원칙: 회사를 움직이는 사람을 보고 투자한다

워런 버핏은 "주식에 투자하는 것이 아니라 사람에 투자한다"라는 유명한 말을 했다. 매년 미국의 부자 순위 3위 안에 들어가는 그의 투자 방식은 전 세계 사람들에게 큰 영향을 미치고 있다. 다른 거대 투자자들에 비해 워런 버핏의 원칙은 담백하고 단순하다. 좋은 기업, 이해하기 쉬운 기업을 분석하고 그 기업을 움직이는 CEO의 능력과 성품을 보고 투자한다는 것이다.

"시총 상위 30곳 CEO 주가를 분석한 결과 최고경영자(CEO) 임기가 길어 중장기 투자를 해온 대형주의 영업이익이 3년 새 52조 원이나 급증할 전망"이라는 기사도 있었다(〈매일경제〉 2017. 7. 5). 같은 기사는 "특히 장수 CEO가 포진한 LG생활건강, 삼성전자, LG화학, SK하이닉스는 2014년 대비 올해 예상 영업이익이 2배씩 늘어날 것으로 예상된다. 금융업종 중에선 CEO 임기가 5년이 넘은 하나금융지주가 이 기간 순이익이 꾸준히 증가해 주가수익률이 업종 내 1위를 달리고 있다"라고 밝혔다. CEO의 역할이 주가에 얼마나 큰 영향을 미치는지 알 수 있는 대목이다.

## 기업의 미래, CEO에 달렸다

주식 투자 분석에서 CEO는 보통 정성적 분석(qualitative analysis)으로 분류된다. 그만큼 주관적이고 계량화하기 어려운 요소이지만 CEO의 도덕성과 경력, 경영철학은 그 기업의 성패를 좌우할 정도로 중요하다. 가령 미국에서는 스티브 잡스의 CEO 프리미엄이 상상을 초월할 만큼 대단했다. 특히 코스닥에 상장된 벤처기업 주가는 CEO의 영향력이 거의 절대적이다. 코스피 상장사들은 대부분 대기업이고, 규모가 큰 우량주의 경우에는 이미 형성된 거대 시스템에 따라 운영되므로 경영자의 영향력이 절대적인 것은 아니다. 코스닥 상장사들은 CEO의 의사결정에 따라 조직이 단기간에 크게 변화할 수 있으니, CEO에게 더 관심을 가지고 분석해서 투자해야 한다.

주식에 투자한다는 것은 곧 기업의 미래에 투자하는 것이다. 기업이 성장하고 수익을 내야 주가도 오르고 배당도 지급된다. 그리고 이것을 주도하는 인물이 바로 CEO다. CEO가 어떤 인물인지 파악하지도 않은 채 해당 종목에 투자한다면 이는 마치 '배우자가 누구인지도 모르고 결혼하는 것'과 다를 바 없다.

## 외국인 투자자를 따라서 경제뉴스에 귀를 기울여라

외국인 투자자는 국내에 등록한 뒤 투자해야 하기 때문에 자금력이 있는 해외 기관 투자자가 대부분이다. 외국인 투자자의 국내 지분율이 40%를 넘어 거대한 세력으로 자리매김한 지 오래되었다. 따라서 이들을 따라 투자할 줄 알아야 투자 수익률을 높일 수 있다. 어떻게 해야 외국인 투자자를 따라 할 수 있을까? 외국인 투자자들의 동향을 주식매매시스템(HTS)으로 확인하는 구체적인 방법에 대해서는 후술하겠지만, 대략적인 투자 방식은 다음과 같다.

우선, 외국인 투자자가 집중 매수하는 종목을 따라가는 것이 중요한데, 그런 종목은 주로 해당 기업의 해외 IR 동향을 보면 알 수 있다. 경제뉴스를 보면 외국인 투자자가 집중적으로 투자하는 종목이 공시되므로 그것만 보아도 외국인 투자자들의 움직임을 충분히 알 수 있다. 하지만 그들이 들어오기 전에 해당 종목을 선점하면 더 큰 시세차익을 올릴 수 있으므로 해외 IR가 진행 중인지 파악하는 노력이 필요하다. 기업이 해외 IR를 개최해 외국인 투자자들에게 자기 종목을 홍보한다면 조만간 외국인 투자자들의 매수세가 이어지리라고 예상할 수 있다. 이런 일정을 알아보려면 IR를 대행하는 증권사에서 공시하는 자료 등을 찾아볼 필요가 있다.

## 외국인 투자자의 지분율이 급증할 때가 적기이다

이보다 더 쉬운 방법은 외국인 투자자들의 지분율이 갑자기 급증하는 종목을 공략하는 것이다. 특히 외국인 투자자의 지분율이 거의 0%에 가깝다가 갑자기 투자가 몰리는 종목이 있다면 뭔가 있다는 이야기이다. 외국인 투자자들은 성장이 예상되거나 앞으로 실적이 좋아질 종목을 미리 매집하는 경우가 많다.

좀 더 기술적인 방법을 소개하자면, 외국인 투자자들의 지분율 추세가 지속적으로 상승하는데 이상하게 주가가 오르지 않는 종목이 있다면 투자를 서두르는 것이 좋다. 이런 종목은 아직 시장에서 내재 가치만큼 주가가 오르지 않은 저평가주가 분명하기 때문이다.

## 절대 손해 안 보는 기관 투자자

기관 투자자는 국내 주식시장에서 상당한 비중을 차지하는 투자 주체다. 외국인 투자자의 지분율이 40%가 넘는다는 것을 앞서 보았는데,

기관 투자자는 그 정도의 파괴력은 없지만 나름의 전문성으로 절대 손해 보는 투자를 하지 않는 주체라고 할 수 있다. 외국인 투자자가 '큰 손'이라면 기관 투자자는 '작은 손' 정도는 된다.

주식시장에서 기관 투자자는 투자신탁, 투자자문사, 연기금 정도로 분류할 수 있다. 투자신탁이나 투자자문사는 연기금에 비해 공격적이고 고수익을 추구하는 투자 패턴을 보인다. 연기금은 장기간의 생존 가능성과 기업의 안정성을 보고 투자하는 패턴을 보인다. 어쨌든 기관 투자자들은 상장사들에 대한 정확하고 자세한 정보를 기반으로 투자하므로 그들이 매수하거나 보유하는 종목을 따라 투자하면 절대 손해 볼 일이 없다.

# 매출액과 PER을 보고 저평가 종목 발굴하기

## 시장 규모가 얼마나 큰가?

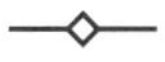

정말 기술력이 뛰어나고 혁신적인 기업이라도 기본적인 시장이 협소하면 주가가 성장하기 어렵다. 신제품은 수요가 어느 정도냐에 따라 앞으로의 매출 성장과 주가 상승이 결정되므로, 시장의 규모가 특히 더 중요한 변수라고 할 수 있다.

투자할 종목을 고를 때 매출의 등락이 크지 않고 많은 고객에게 지속적으로 발생하는 제품을 보유한 기업인지를 확인하라. 일반 개인을 상대로 매출이 많이 발생하는 기업은 지속적으로 성장할 힘이 있다. 소비자들이 꾸준히 소비하는 제품의 경우에는 특히 더 그렇다. 예를 들어, 삼성전자, 신세계, 포스코 등의 경우 지속적으로 매출액이 유지되며, 다른 종목들과 비교할 때 그 규모도 상당한 수준이다. 매출액의 규모나 구성은 금융감독원 전자공시시스템(dart.fss.or.kr)에서 기업을 검색하면 손익계산서를 통해 확인할 수 있다. 이에 대해서는 뒤에서 자세히 다루기로 한다.

## 확실한 하나의 필살기가 있는가?

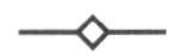

보통 잘나가는 사람들을 보면 자신의 필살기 분야 하나에 올인해서 최상의 퍼포먼스를 보여주곤 한다. 힙합과 랩을 기가 막히게 잘해서 큰 성공을 거두고 있는 래퍼 도끼, 자기 나름의 개성으로 유튜브 스타가 된 싸이 등 그들의 몸값은 한 가지 필살기에서 나오는 것 같다.

기업도 마찬가지다. 이것저것 복잡하게 벌여만 놓고 수습하지 못하는 기업보다는 한 가지 확실한 제품에서 매출이 발생하는 기업의 성장성과 안정성이 훨씬 좋다. 매출이 다각적으로 발생해서 분석이 복잡한 기업보다는 단순하고 확실한 수익구조를 보이는 기업의 종목을 사는 것이 현명하다.

워런 버핏은 초창기에 '코카콜라'라는 대규모 매출을 내는 종목으로 큰 성공을 거둔 바 있다. 그는 이처럼 하나의 확실한 시장에서 대규모 매출을 창출하는 종목에 가치투자를 해서 지금까지 명성을 이어오고 있다. 내가 군에 입대하기 전 함께 일했던 모 과장님은 단순히 신세계백화점에 가면 사람들이 붐비고 매출액의 규모도 줄지 않는다는 것만으로 투자를 시작해서 좋은 수익을 거두기도 했다. 이처럼 대박을 낼 만한 종목은 멀리 있지 않다. 매출액 규모라는 단순한 지표 하나만으로 투자해도 성과를 낼 수 있다.

일반적으로 제품이나 시장을 다각화하는 기업의 심리는 단순하다. 현재 주력하는 제품이나 시장에서 재미를 보지 못하기 때문에 조금이라도 돈이 될 것 같은 사업에 손을 대는 것이다. 한 가지 주력 사업에서 대규모 매출을 내는 기업이라면 굳이 돈이 되지 않는 다양한 사업에 손을 대서 매출 구조를 복잡하게 만들 이유가 없다.

기업들의 손익계산서를 보면 매년 매출이 불규칙하거나 비용이 갑자기 많이 발생하는 경우를 발견하게 된다. 이런 경우에는 기업의 주력 사업이 흔들리는 것은 아닌지 의심해볼 필요가 있다. 정말 우량한 기업은 매출액이 발생하는 원천이 단순하고 비용도 안정적으로 발생한다.

## 매출액보다 투자가 많은 종목은 피하라

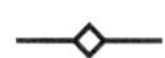

매출액이 크다고 그 종목을 덥석 매수해서는 안 된다. 매출액이 큰 이유를 따져볼 필요가 있다. 업종마다 차이가 있지만 대부분의 기업은 투자로 인해 매출이 발생한다. 어떤 경우는 매출 증가를 더욱 촉진하기 위해 추가 투자를 하는데, 이때는 매출이 투자를 견인한다고 볼 수도 있다. 어쨌든 대량 투자가 발생했다는 것은 곧 매출액이 발생할 것으로 예상되는 신호이기는 하다.

그러나 투자가 많고 자금을 많이 보유했다고 해서 그 기업에 무턱대고 투자했다가는 낭패를 볼 수 있다. 특히 공장 신설 중이라거나 제조설비를 증설하는 중이라고 공표하는 기업이라면, 그 투자액만큼 매출이 발생할 수 있는 확실한 거래처나 시장의 확보 여부를 중요하게 살펴보아야 한다. 확실한 거래처나 시장 확보 없이 대량 투자를 감행한 경우, 그 투자액은 모두 감가상각으로 처리돼 적자만 발생하고 주주에게는 손실로 귀속될 것이기 때문이다. 이런 종목은 주가가 폭락하기 십상이다.

나는 코스닥 두 종목에 투자한 적이 있는데, 대량 투자가 이루어진 기업이어서 기대가 컸다. 시장의 기대치도 이와 같아서, 투자한 만큼 실적이 나오면서 주가가 상승하리라는 전망이 우세했다. 그러나 예상 외로 매출이 증가하지 않았다. 주가는 투자액에 반비례해서 지속적으로 하락했다. 투자가 기업 경영에 부담을 주어 시장의 전망이 점점 나빠지기 시작하면 주가는 당연히 떨어진다. 투자자들의 심리는 주식거래를 통해 주가에 즉각적으로 반영되기 때문이다.

설비 투자든 공장 증설이든 형태를 불문하고 투자를 많이 하는 기업은 분명 그만한 묘책이 있는 것이고, 그것은 호재일 가능성이 크다. 다만, 투자에 비해 매출 증가가 큰 기업이거나 대량 투자를 해도 버틸 수 있는 현금 여력이 있을 경우에만 호재로 해석할 수 있다.

그렇다면 대량 투자가 기업에 큰 무리를 주지 않으면서 매출 증가를 이끌어내는 것인지 어떻게 확인할 수 있을까? 그런 투자라면 기업 재무제표의 현금흐름표상에서 '영업활동 현금흐름'이 많이 발생한다. 기업이 보유한 현금이 많고, 기업의 수익성 지표인 각종 수익률(ROE, ROA 등)도 높게 형성된다. 기업이 부담되지 않는 투자로 많은 수익을 창출하면 이는 결국 주주들이 가져가는 배당의 재원이 되는 만큼 관련 지표를 잘 따져봐야 한다. 이후 기업의 대규모 투자가 호재로 이어질 것으로 예상된다면, 그 종목은 조만간 대박 종목이 될 것이다.

## 저PER주인지 보라

주식 왕초보들이 매번 내게 하는 질문이 있다.

"회계사님, 어떤 종목을 사야 돈을 벌까요?"

너무나 당연한 질문이다. 나는 콕 집어서 어느 종목이라고 추천해주지는 않는다. 아주 친한 친구가 물어볼 경우에만 내가 투자하는 종목을 언급하는 정도다. 자기 스스로 좋은 종목을 고르는 노력을 하도록 권하는 것이 맞다고 생각한다. 하루 이틀 주식 투자를 해서 반짝 몇 푼 벌고 그만둘 생각이라면 다른 사람이 추천하는 종목을 사도 된다. 그래서 손해를 보게 되면 주식 투자를 깔끔하게 포기해야 한다. 그러나 주식으로 오랫동안 월급 외 소득을 쌓고 싶다면 스스로 좋은 종목을 고르려는 노력을 해야 한다.

많은 투자고수들이 좋은 종목을 고를 때 가장 기본이 되는 기준은 PER이다. 뒤에서 재무제표와 가치투자를 다룰 때 자세히 설명하겠지만, PER(Price Earning Ratio)은 기업의 1주당 순이익 대비 현재 주가의 비율을 말한다. 즉, PER이 낮다는 것은 기업의 이익에 비해 아직 주가가 낮은 상태라는 뜻이다. 저PER주는 해당 업종의 PER에 비해 해당 종목의 PER이 낮은 것을 의미하며, PER이 낮으면 앞으로 주가가 오를 확률이 높다고 보면 된다.

저PER주의 주가가 앞으로 오를 가능성이 높은 것은 이론적으로 명확하다. 주가의 결정 원리에 그 답이 있는데, 주가는 미래에 기업이 벌어들일 순이익을 일정한 기준에 따라 할인 및 보정해서 결정된다. 한마디로 미래에 순이익이 높을수록 주가가 높다. 저PER주는 순이익이 높게 형성되어 있는데도 주가는 높지 않은 상태를 뜻하며, 앞으로 시장 거래를 통해 그만큼 주가가 높아져야 정상인 종목이다.

네이버 검색창에 종목명을 입력만 해도 종목에 대한 다양한 정보가 제공된다. 종목의 PER 정보는 물론이고, 그 종목이 속한 업종의 평균 PER 정보가 제공되므로 이를 비교하면 저PER주인지 쉽게 알 수 있다. 지금 어떤 종목을 매수해야 할지 고민 중이라면 저PER주인가를 먼저 따져보는 습관을 들이자.

## 7

# 악재가 터졌을 때 주식을 사라

주가가 조금이라도 쌀 때 사는 것이 수익률을 높이는 데 유리하다는 것은 누구나 아는 사실이다. 그런데 언제가 주가가 쌀 때란 말인가?

주가가 싸다는 것은 기업의 본질적 가치인 내재 가치에 비해 현재 주가가 낮다는 뜻이다. 기업의 주가는 내재 가치대로 정해지는 것이 아니라 주식시장에서 주주들의 수요와 공급으로 결정된다. 정확히 말하면 매도호가와 매수호가가 일치되는 지점에서 주가가 결정되니 비싸게 사려는 세력이 많을수록, 비싸게 팔려는 세력이 많을수록 가격은 오르게 되어 있다. 반대로 주식시장에서 싸게 팔아서라도 빠져나가려는 보유자들이 많을수록 주가는 떨어진다.

기업의 펀더멘탈은 그대로인데 외부 악재로 인해 주가가 급락하는 경우를 종종 본다. 시장에서 주가가 내재 가치로부터 일시적으로 이탈

하더라도 주가는 회귀하려는 성질이 있기 때문에, 악재가 있는 이때가 해당 종목을 매수할 기회다. 물론 그 악재가 기업의 존립에 심각한 영향을 미칠 정도라면 주가는 회복되기 어려울 것이다. 심한 경우 주가가 폭락하다 못해 기업 경쟁력이 악화되면서 상장 폐지된다면, 주식은 휴짓조각이 된다. 그러므로 악재일 때 무조건 해당 종목을 매수해야 하는 것은 아니다.

## 돈 벌어다 주는 악재

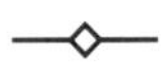

그렇다면 어떤 악재가 매수 타이밍일까?

주가와 기업가치가 폭락하더라도 단기적이고, 다시 회복할 정도로 기업의 안정성과 수익성이 괜찮으며, 기업의 시장경쟁력이 좋아 금방이라도 다시 성장할 수 있는 경우라면 주가 폭락은 주식을 사라는 신호가 될 수 있다. 기업의 안정성, 수익성, 성장성의 본질에 영향을 미치지 않는 표면적인 악재인 경우가 그렇다. 그런 매수 타이밍의 대표적인 사례로 애플과의 특허 침해 소송에서 삼성전자가 패소한 사건을 들 수 있다. 2012년 하반기 최대 이슈였던 이 사건 때문에 많은 전문가가 삼성전자 주가에 악재라고 입을 모았다.

그런데 기관 투자자들만 삼성전자를 팔았고, 외국인과 개인 투자자들은 오히려 각각 1,700억 원, 2,017억 원을 순매수했다. 이때 외국계 증권분석가들은 단기적으로는 삼성전자의 주가 하락을 예상했지만, 삼성전자의 기업가치 자체는 큰 영향을 받지 않을 것으로 전망했다.

미국 시장은 삼성전자의 스마트폰 매출의 20% 정도를 차지한다. 판결 결과 특허 침해가 인정되었기에 미국에서 삼성 스마트폰 판매가 금지될 가능성이 커 보였다. 판매금지 조치는 이루어졌어도 갤럭시S 시리즈가 소송에 포함되지 않았다는 점에서 실적에는 큰 영향을 받지 않았다. 이때가 바로 매수 기회다. 단기적으로 삼성전자 주가가 떨어질 것이고 몇 년만 버티면 큰돈을 벌 것이 당연했다. 삼성전자가 애플에 특허 사용료를 지불하더라도, 사용료는 통신사업 부문 영업이익의 3% 밖에 되지 않았다. 그런데도 주가는 열흘 동안 5%나 하락했다.

이 사건 이후 삼성전자의 실적은 건실했다. 몇 년이 지난 지금 삼성전자의 실적은 놀라울 정도로 성장했고, 주가는 당연히 실적을 상회할 정도로 상승세를 이어왔다. 당시 주가 하락을 기회로 보고 삼성전자에 투자했던 투자자들은 평소보다 큰 이익을 얻었을 것이다.

## 떨어질 만해서 떨어지는 종목

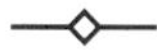

이와 달리, 실적이 지속적으로 하락할 만한 악재로 인해 주가가 꾸준히 내려가는 종목에는 절대 투자하면 안 된다. 대표적인 종목이 삼성엔지니어링이다. 삼성엔지니어링 주가가 지속적으로 떨어져 이미 바닥을 친 상황이므로 매수 타이밍이라고 한 증권사 애널리스트들도 많았지만, 그 이야기를 믿고 투자한 사람들은 수익을 보지 못했다. 삼성엔지니어링의 주가가 지속적으로 하락한 데에는 계열사 수주 외에는 수요가 불확실하다는 근본적인 악재가 있었다.

따라서 악재를 이용해 종목을 매수하고자 한다면 본질적으로 수익성과 성장성에 악재가 있는지를 잘 따져보아야 하며, 이는 철저한 재무분석에 기초를 두어야 한다. 수익률이 꾸준히 높은지, 현금 보유량이나 유동성 비율은 충분히 높은지 등을 살펴보아야 한다.

# 재무비율로 투자실력 1,000% 끌어올리기

## 질적 성장을 나타내는 지표

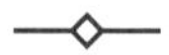

주식 투자를 위해서는 재무제표를 뜯어볼 수 있어야 한다. 그 가운데서 질적인 비교를 확실하게 하는 방법이 재무비율 분석이다. 금액만 비교하면 작년과 올해의 금액 변화는 확인할 수 있지만, 그동안 얼마나 성장했고 지금 얼마나 질적으로 성장하고 있는지, 그 성장이 주가에 어떤 영향을 주는지를 파악하기는 힘들다. 따라서 재무비율을 분석해서 주가를 분석하고 기업의 잠재력 등을 가늠해볼 필요가 있다.

재무제표의 요소들을 재무비율로 바꿔서 분석하면 매년 기업의 추세와 시장에 비해 어떤 위치에 있는지도 알아볼 수 있다. 여기서 재무제표 요소라고 하면 매출액, 매출총이익, 영업이익, 당기순이익, 자산, 부채, 자본 등 큰 틀에서의 재무제표 항목들을 의미한다. 재무비율은 재무제표 요소 간의 비율을 구한 것이며, 이를 통해서 좀 더 명확한 관계를 파악할 수 있다. 예를 들어, 총자산수익률(ROA, Return On Assets)이 재무비율이다. 기업의 총자산에서 당기순이익을 얼마나 올렸는지 가늠하게 해주는 지표로 '당기순이익 ÷ 총자산'으로 구한다. 이 값은 수익의 질을 평가하는 지표로 활용된다.

주식 투자자에게 가장 많이 쓰이는 재무제표 요소는 손익계산에는 매출액, 매출총이익, 판관비(판매비와 관리비), 영업이익, 당기순이익, 이자비용 등이 있다. 그리고 재무상태표에는 총자산, 유동자산, 재고자산, 유동부채, 총부채, 자본, 이익잉여금 등이 있다. 매출액이 전년 대비 얼마나 증가했는지에 따라 기업의 시장성을 파악할 수 있고, 총자산이 얼마나 증가했는지를 파악해서 투자 규모가 어느 정도인지 가늠해볼 수 있다. 이런 재무제표 요소들을 비율화해서 전년도와 비교하거나 시장의 지표들과 비교하는 것은 투자자에게는 기본 중의 기본이다.

## 가치비율, 손익비율, 시장성 비율

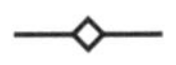

재무비율은 재무제표 요소 간의 비율이라고 앞서 말했는데, 그중 주식 투자자에게 가장 필요한 것은 딱 2가지다. 하나는 '가치비율'이고, 다른 하나는 '손익비율'이다.

가치비율이란, 자산, 부채, 자본, 그리고 기업 자산의 총체적 가치인 기업가치 등 가치(value)로 표현되는 재무제표 요소들을 활용한 재무비율을 말한다. 손익비율이란 매출액, 영업이익, 당기순이익 등 손익계산서 요소들을 활용한 재무비율을 말한다. 이 2가지는 시장성 비율과 함께 주식 투자에서 유용하게 사용된다.

## 네이버를 활용한 재무비율 확인하기

재무비율을 알려면 우선, 네이버 금융에서 재무제표를 검색한다. 네이버 금융 검색창에 '삼성전자'를 치고, 종목분석 코너에서 '투자분석'을 클릭하면 각종 재무비율이 나오고, 그 재무비율들을 수익성, 성장성, 안정성, 활동성 지표로 구분되어 볼 수 있게 했다. 각각을 정리하면 다음과 같다.

**(1) 수익성:** 매출총이익률, 세전계속사업이익률, 영업이익률, EBITDA 마진율, ROA, ROE, ROIC

**(2) 성장성:** 매출액증가율, 판매비와 관리비 증가율, 영업이익증가율, EBITDA 증가율, EPS 증가율

**(3) 안정성:** 유동비율, 부채비율, 유보율, 순차입금비율, 이자보상비율, 자기자본비율

**(4) 활동성:** 총자산회전율, 총부채회전율, 총자본회전율

삼성전자의 연결 재무제표다. 다음 페이지 그림에서 상단 가운데 K-IFRS(연결)을 클릭하면 국제회계 기준(IFRS) 연결 재무제표를 볼 수 있다. 참고로 별도 재무제표보다는 연결 재무제표가 좀 더 정확한 재무비율을 말해준다. 연결 재무제표란, 계열사 전체를 아우른 재무제표이기에 그렇다. 기업의 수익성, 성장성, 안정성, 활동성을 나타내는 재무비율들을 이어서 살펴보도록 한다. 투자할 때 각 비율들을 어떻게 활용할지에 중점을 두고 읽기를 바란다.

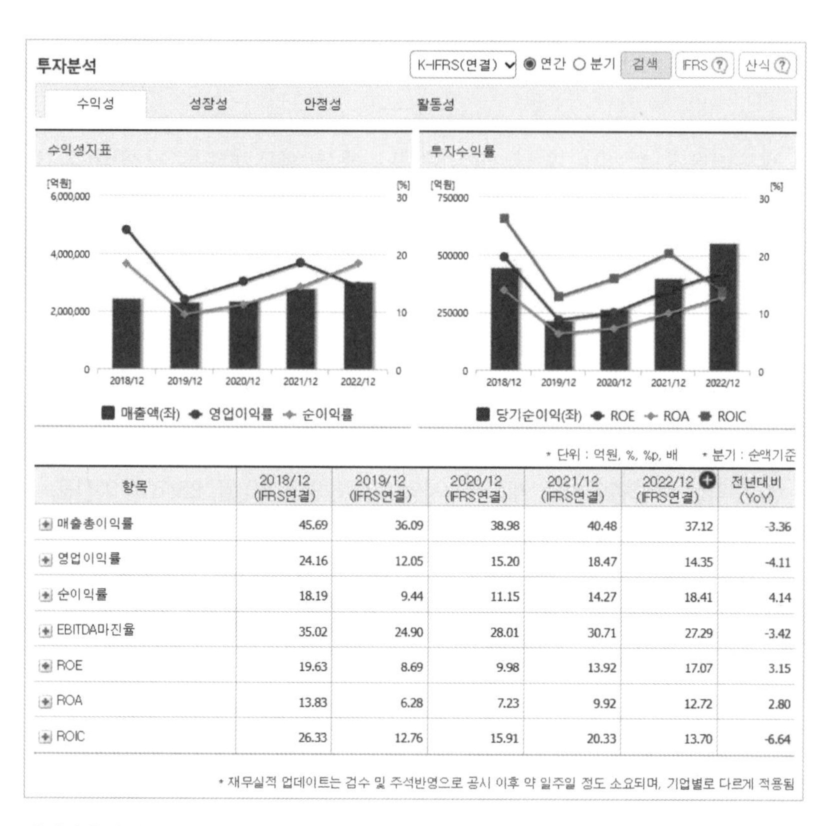
투자분석

K-IFRS(연결) ◉ 연간 ○ 분기 검색 IFRS ⓘ 산식 ⓘ

수익성 | 성장성 | 안정성 | 활동성



* 단위 : 억원, %, %p, 배 * 분기 : 순액기준

| 항목 | 2018/12 (IFRS연결) | 2019/12 (IFRS연결) | 2020/12 (IFRS연결) | 2021/12 (IFRS연결) | 2022/12 (IFRS연결) | 전년대비 (YoY) |
|---|---|---|---|---|---|---|
| 매출총이익률 | 45.69 | 36.09 | 38.98 | 40.48 | 37.12 | -3.36 |
| 영업이익률 | 24.16 | 12.05 | 15.20 | 18.47 | 14.35 | -4.11 |
| 순이익률 | 18.19 | 9.44 | 11.15 | 14.27 | 18.41 | 4.14 |
| EBITDA마진율 | 35.02 | 24.90 | 28.01 | 30.71 | 27.29 | -3.42 |
| ROE | 19.63 | 8.69 | 9.98 | 13.92 | 17.07 | 3.15 |
| ROA | 13.83 | 6.28 | 7.23 | 9.92 | 12.72 | 2.80 |
| ROIC | 26.33 | 12.76 | 15.91 | 20.33 | 13.70 | -6.64 |

* 재무실적 업데이트는 검수 및 주석반영으로 공시 이후 약 일주일 정도 소요되며, 기업별로 다르게 적용됨

**삼성전자 연결재무제표 재무비율**

# 저평가 여부를 알려주는 재무비율들

### ❖ 주가수익비율(PER)

주가와 주당 가치 비율의 관계를 통해 주가를 추정하는 것은 일종의 상대가치평가법이다. 즉, '주가 ÷ 주당 가치'로 산출한 비율에 대응되는 주당 가치를 곱하면 주가를 구할 수 있다는 논리다. 이 같은 논리로 우선 주가수익비율인 PER에 대해 알아보자.

PER은 주가를 주당순이익으로 나눠 계산한다. PER은 현재 주가가 현재 이익에 대비한 적정 주가보다 과대평가되었는지 과소평가되었는지를 파악하게 해주는 지표다.

PER은 주가를 추정할 때 많이 사용한다. 해당 기업의 PER를 계산해서 작년의 PER에 비해 높으면 과대평가되었다고 해석하거나, 업종 평균 PER와 비교해서 높으면 과대평가된 것으로 판단할 수 있다. 이렇게 고PER 주식에는 되도록 투자하지 않는 것이 유리하고, 저PER 주식은 시장에 비해 과소평가된 주식이므로 투자하는 것이 좋다.

**PER = 주식의 시장 가치 ÷ 주당순이익(EPS)**

일시적으로 기업에서 영업외이익이 발생하거나 영업외비용이 감소해서 당기순이익이 높아지면 PER이 급락할 수도 있다. 이렇게 저PER이 된 경우 섣불리 투자했다가는 오히려 손해를 볼 수도 있으니 주의해야 한다. 이런 오류를 방지하기 위해 다른 재무비율도 함께 분석해봐야 한다.

### ❖ 주가장부가비율(PBR)

주가장부가비율은 주가를 주당순자산 장부 가치로 나누어 산출한다. PBR은 현재 주가 수준이 순자산 장부 가치에 비해 고평가되었는지 저평가되었는지를 나타내는 지표다. 장부 가치에 비해 고평가된 경우에는 원인을 파악하는 것이 중요하지만, 일반적으로 장부 가치 대비 주가가 과대평가된 것으로 파악한다.

**PBR = 주식의 시장 가치 ÷ 주당장부가치(BPS)**

PBR이 1.0 이상이면 장부 가치 대비 과대평가된 것이므로 투자할 때 신중해야 한다. 최근 국제회계 기준이 도입되면서 공정가치평가가 확대돼 PBR은 과거에 비해서 1.0에 가까워졌다. 따라서 PBR이 1.0보다 훨씬 크다면 그 주식에는 투자하지 않는 것이 현명하다고 볼 수 있다.

### ❖ 주가매출액비율(PSR)

**PSR = 주식의 시장 가치 ÷ 주당매출액(SPS)**

주가매출액비율은 주가를 주당매출액으로 나누어 산출된 값이다. PSR은 현재의 주가가 1주당 매출액에 비해 과대평가되었는지 과소평가되었는지를 판단하는 지표다. PSR은 매출수익을 통한 상대가치평가 방법으로 PER과는 달리 고정비 때문에 적자를 볼 수밖에 없는 신생기업이나 설비 투자가 큰 기업의 가치평가에 주로 사용한다.

### ❖ 주가현금흐름비율(PCR)

**PCR = 주식의 시장 가치 ÷ 주당현금흐름(CPS)**

주가현금흐름비율은 주가를 주당현금흐름으로 나누어 산출한 값이다. 현재의 주가가 1주당 영업활동 현금흐름에 비해 과대평가되었는지 과소평가되었는지를 판단하는 지표로 활용된다. 이 지표 또한 낮을수록 저평가된 것이므로 투자하는 것이 좋고, 높을수록 투자에 신중을 기해야 한다.

### ❖ EV/EBITDA 비율

EV/EBITDA 비율은 증권가에서 기업 가치를 평가할 때 흔히 사용하는 비율로, 이 지표를 잘만 활용하면 기업 가치를 추정할 수 있고, 이를 통해 주가도 예측해 볼 수 있다. 여기서 EV(Enterprise Value)란 기업 가치를 뜻하며 '시가총액 + 순부채의 시장 가치'로 산출한다. 순부채의 시장 가치는 '총차입금 - 현금성 자산'으로 산출한다. EBITDA(Earnings Before Interest, Taxes, Depreciation and Amortization)란, 세금과 이자 및 감가상각비를 차감하기 전 순이익을 뜻하며 간단히 ‘이자와 법인세, 감가상각비 차감 전 순이익’이라고 이야기한다.

**EV/EBITDA 비율 = EV ÷ EBITDA**

EV/EBITDA 비율은 시장에서 평가되는 기업의 가치를 추정할 때 유용하게 사용된다. 분모는 기업의 수익성을 나타내며, 분자는 기업의 시장 가치를 나타낸다. 따라서 이 비율로 기업의 수익성 대비 기업의 시장 가치를 파악하게 된다.
분자인 EV를 산출할 때 시가총액과 순부채의 시장 가치를 더하는 이유는 기업을 매수할 때 기업의 시장 가치와 함께 기업이 차입한 부채까지 떠안아야 하기 때문이다. EBITDA는 영업이익(EBIT)에 감가상각비(depreciation)를 더해서 산출하거나, 매출액에서 매출원가와 현금유출 비용만 따로 차감해서 구할 수도 있다.
감가상각비는 기업의 영업활동에 사용하기 위해 취득한 유형자산 또는 무형자산을 기마다 일정한 방법으로 비용화한 항목으로 현금유출이 없는 비용이다. EBITDA는 EBIT에 감가상각비를 더해서 산출하므로 현금유출입이 있는 수익비용만 고려한 영업이익이라고 볼 수 있다. 즉, EBITDA는 영업현금흐름의 대용치로 적합하다.
만약 EV/EBITDA 비율이 5라면 5년은 걸려야 영업이익으로 이 기업을 인수할 수 있다는 의미로 볼 수 있다. 따라서 EV/EBITDA가 낮을수록 기업의 수익 창출력에 비해 기업가치가 낮게 평가돼 있다는 뜻으로, 매력적인 인수 대상 기업이라고 볼 수 있다.
이는 주식 투자에도 유용하게 활용할 수 있다. EV/EBITDA가 낮은 기업의 주식은 저평가되었을 가능성이 크므로 매수하는 것이 좋다.

Part 4.

# 암호화폐, 인류 역사상 최대의 수익률을 보여주다

# 전 세계의 3,900조 원이 몰리다

12년 만에 약 3,900조 원의 돈이 몰렸으며, 국내의 삼성, 카카오를 포함해 전 세계 공룡기업인 알파벳(구글), JP모건, 골드만삭스, 페이팔, 마이크로소프트, 시티은행을 포함, 이외에도 수많은 대기업이 채택하고 선택한 산업. 4차산업 시대를 책임질 핵심 기술로 만든 신흥 자산. 바로 암호화폐다.

마이크로소프트와 애플은 회사의 가치가 1,300조 원까지 도달하는 데에 40년이 넘는 시간이 걸렸다. 아마존과 구글은 20년이 넘게 걸렸다. 하지만 비트코인은 무려 12년 만에 도달했다. 도대체 비트코인은 어떤 매력을 갖고 있기에 이와 같은 저력을 보여준 것일까?

물론 비트코인은 유동성 측면에서 다른 기업들에 비해 유리하긴 했으나, 그럼에도 불구하고 개발자의 정체도 알 수 없는 이 신흥 자산에

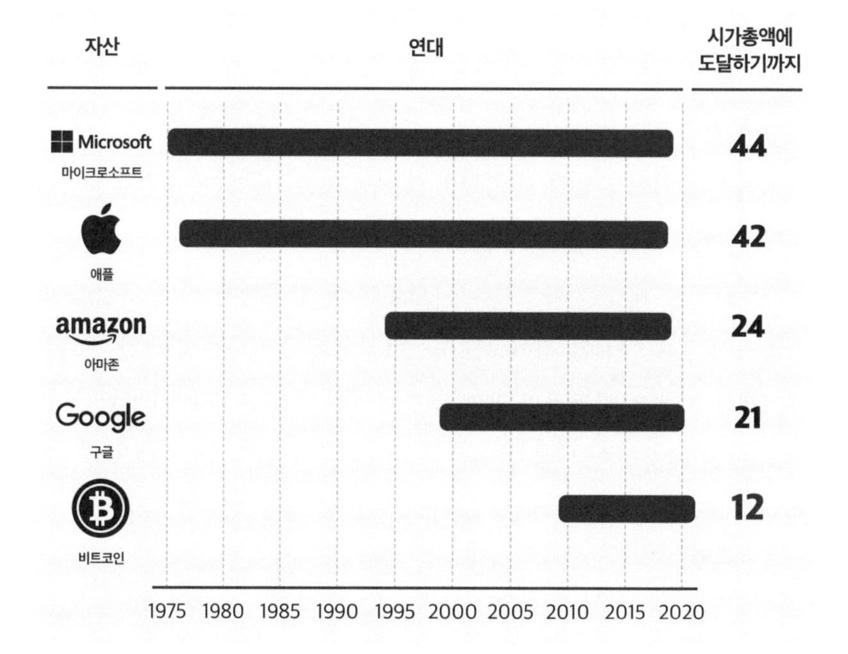


**시가총액 1조 달러(한화 약 1,300조 원)를 달성하는 데 걸린 기간**
출처: VisualCapitalist

1조 달러가 몰린 것은 그만큼 무언가 이유가 있기 때문일 것이다.

필자는 암호화폐 분석을 기반으로 유명세를 얻었다. 이 시장에서 경력이 꽤 긴 편에 속하기도 하다. 국내에서는 온체인 분석을 처음으로 시작한 온체인 데이터 분석 1세대이며, 국내 유튜버 중 가장 먼저 온체인 데이터 분석을 시작하고, 거시경제 데이터를 이용한 비트코인 분석을 시작했다. 그러므로 어떻게 보면 전문적일 수도, 또 한편으로는 한 관점에 치중됐을 수도 있다. 최대한 객관적으로 이야기해 보겠으나, 상황상 이 부분을 참고해주시길 바란다.

우선 비트코인과 암호화폐를 다양한 관점에서 바라보고 싶은데, 우선 트렌드의 관점에서 보자. 2008년 10월, 한 익명의 개발자가 공개한 논문(Bitcoin: A Peer-to-Peer Electronic Cash System)에 의해 비트코인은 세상에 알려졌다. 2009년 1월 비트코인이 처음 발행됐는데, 이 당시는 글로벌 금융위기로 인해 은행들이 도산하고, 전 세계가 미국 금융기관과 달러에 대해 신뢰를 크게 잃었을 때였다.

비트코인을 개발한 사토시 나카모토는 "중앙은행은 화폐 가치가 하락하지 않도록 신뢰를 줘야 하지만, 법정화폐의 역사는 이러한 신뢰를 깨뜨리는 사례로 가득하다"라고 주장하면서 "은행은 우리의 돈을 보관하고 그걸 전자상으로 잘 전송할 수 있다는 신뢰를 줘야 하지만, 그들은 겨우 얼마 안 되는 준비금을 남기고 신용 버블의 기복에서 돈을 대출해준다"라고 주장하기도 했다.

이 주장은 틀린 말이 하나 없다. 화폐는 늘 실패의 역사로 가득하다. 여전히 엄청난 물가상승으로 고통받는 나라는 현재도 어렵지 않게 찾을 수 있고, 지난 3년간 미국 정부의 엄청난 화폐 발행은 결국 엄청난 물가상승을 만들어냈다. 그리고 그 물가를 잡기 위해서 또다시 금리를 초고속으로 인상하면서 부동산을 비롯한 자산시장의 리스크뿐 아니라 건설사, 은행 등 다양한 업종에까지 중대한 악영향을 미치고 있다.

**심각한 물가상승으로 돈을 땔감으로 쓰는 독일 여자**

이러한 권력은 미국의 소수 기득권으로부터 나오며, 우리는 이런 세태에 순응할 뿐, 그들의 생각과 행동을 막을 수 없다. 미국 연준이 금융 정책을 어떻게 진행하느냐에 따라서 먼 나라인 우리 한국부터 우리가 이름도 모를 작은 섬나라의 소수 민족에게까지 영향을 미치게 된다.

## 권력의 이동

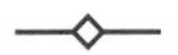

### 국가 ▸▸▸ 기업 ▸▸▸ 개인

하지만 이제 시대는 바뀌었다. 오래전에는 국가의 권력이 강했다. 자본주의 시대에 본격적으로 들어서기 전에는 국가의 왕이나 관리들의 권력이 매우 강했고, 그들이 힘을 쥐고 있었다. 그러나 자본주의가 본격적으로 도입되기 시작한 근현대에는 그야말로 돈이 최고인 세상이 됐다. '무전유죄 유전무죄'라는 말도 있지 않은가. 돈으로 무엇이든 교환할 수 있는 시대가 되었고, 기업인들의 영향력은 미국 대통령 부럽지 않을 정도로 커졌다.

현재, 그리고 앞으로는 어떨까? 지금까지 권력은 국가에서 기업으로 이전됐으나, 이제는 다시 기업에서 개인으로 이전되어 가고 있다. 기술의 발달로 정보의 유통은 매우 빨라졌고, 아이디어 하나로도 큰돈 없이 수백억대의 자산가가 될 수 있는 시대가 되었다. 즉, 개개인의 능력이 매우 돋보이는 시대가 되었고, 개인의 권한이 갈수록 커지고 있는 시대가 왔다.

이제 기업들은 개인을 두려워한다. 영향력 있는 인플루언서가 특정 기업의 제품의 문제점, 비리에 대해 고발하면 삽시간으로 그 소문이 퍼져 어느새 전 국민이 그 기업의 불매운동을 하는 세상이다. 소비자들은 더 스마트해지고, 연예인이나 정치인이 아니어도 누구든 영향력을 얻을 수 있는 시대가 되었다. 즉, 개인에게로 점점 권력이 옮겨가는 과정에 있다.

이에 맞춰 비트코인은 탈중앙화 P2P 시스템을 도입했다. 중앙화된 기관, 즉 정보나 권력이 소수에게 집중되어 그들에게 휘둘리는 시스템이 아니라 누구나 다 공평하고 공정한 조건 속에서 개인간의 거래를 할 수 있다. 또, 이 시스템 내에서 거래가 일어난 모든 내역은 암호화되었으나, 서로 조회할 수 있어 투명성과 보안성을 동시에 갖췄다. 게다가 비트코인은 이용하는 사람이 많아질수록 더 보안이 업그레이드되는 구조다. 이러한 기술을 블록체인이라고 우리는 말한다.

세대의 관점에서 암호화폐를 바라보면 어떨까? 세계적인 결제 플랫폼 공급업체 튠즈(Thunes)가 13여 개 국가의 16~24세 소비자를 설문

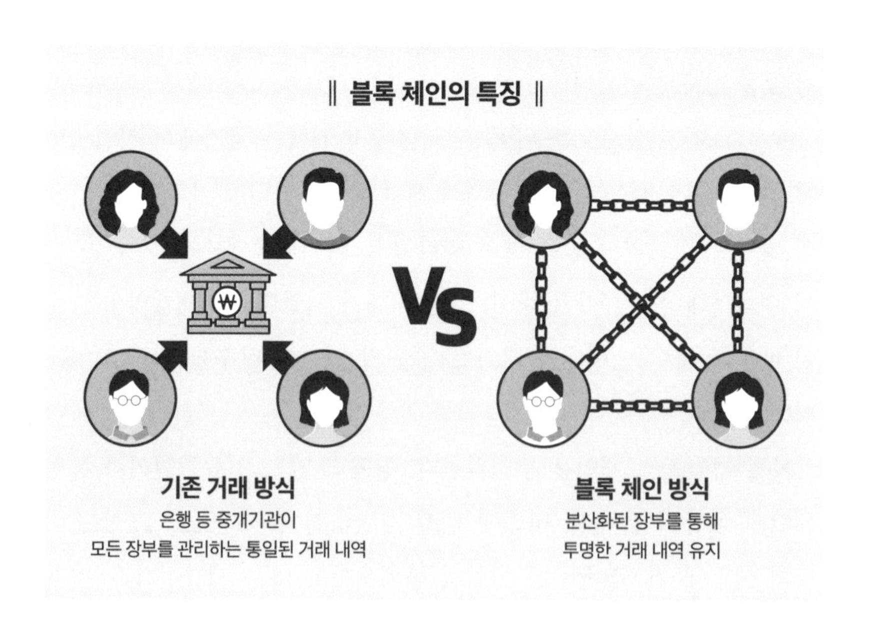

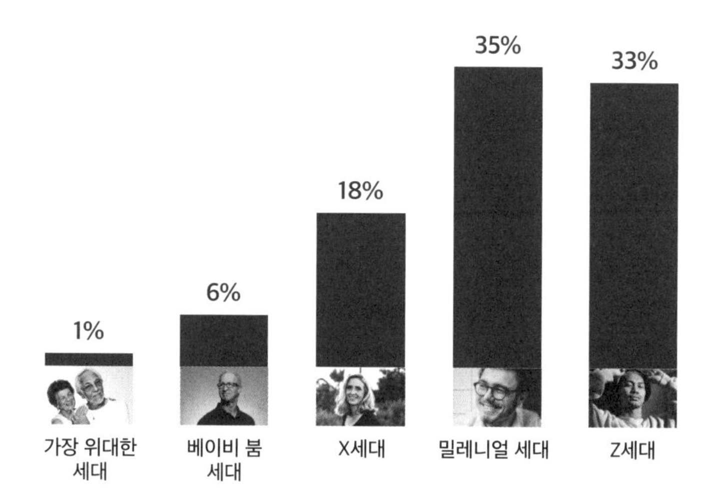


**'암호화폐를 구매, 교환하거나 얻은 경험이 있나요?' 설문조사 결과**
출처: ITWorld, 451 Research

조사했다. 그 결과 응답자의 62%가 은행 계좌가 없다고 답했으며, 반대로 모바일 지갑은 적극적으로 이용 중이라고 답했다.

451 리서치의 보고서에 따르면 젊은 세대인 밀레니얼, Z세대의 30%(각각 35%, 33%) 이상이 암호화폐를 이용해 보았다고 답했다. 이들은 1980년부터 2000년대 초반에 태어난 사람들인데, 이보다 더 나이가 든 사람들일수록 암호화폐를 이용해봤다는 답변의 비중은 매우 크게 줄어든다.

다른 통계들을 참고해본 결과, 확실히 젊은 세대는 신문물에 적응도 빠르고, 오히려 편안하고 익숙하게 느끼기까지 한다. 기술기업 투자의 명가인 아크인베스트의 Big Ideas 2022에 따르면, 암호화폐나 내 자산을 담는 디지털 지갑 시장은 2021년부터 2025년까지 연평균 78% 성장할 것으로 전망하고 있다. 이러한 발전은 암호화폐와 매우 큰 관계가 있다.

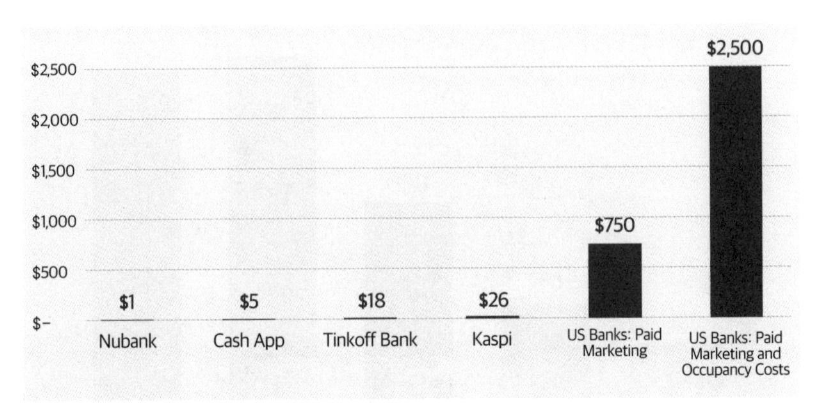


**디지털 지갑과 미국 전통 은행들의 고객 획득 비용 차이**
출처: ArkInvest

암호화폐는 인터넷이 없으면 생존할 수 없는 자산이다. 디지털 지갑은 말 그대로 디지털화된 지갑이고, 암호화폐는 디지털화된 자산이므로 결국 디지털 지갑과 운명 공동체라고도 볼 수 있다.

기업 입장에서도 디지털 지갑은 매우 경제적이고 합리적이다. 브라질 기반 디지털 은행 누뱅크는 워런 버핏이 투자하는 은행으로도 유명하다. 자체 암호화폐를 출시할 정도로 암호화폐에 굉장히 친화적이며, 신세대적이다. 미국의 전통 은행들은 새로운 고객을 얻기 위해서 유료 마케팅, 지점 운영비 등에 2,500달러를 지출할 때 누뱅크는 단돈 1달러만 지출한다. 확실히 경제적이며 효과적이다. 은행은 점점 시간이 갈수록 디지털화될 것이고, 디지털 자산의 중심인 암호화폐 또한 동반성장할 수밖에 없는 구조라고 볼 수 있다.

시간이 흘러 Z세대, 밀레니얼 세대가 경제를 이끄는 주축이 되었을 때, 암호화폐의 위상은 얼마나 높아졌을지 상상해보면 암호화폐의 미래가 밝게 느껴진다.

# 은행이 없어지는 이유

기술 발전의 관점에서 암호화폐를 바라보면 어떨까. 기술의 발전은 보통 '더 저렴하고 더 유용하면서 합리적인 것'으로 사람들이 옮겨간다. 전통시장은 여전히 한국에서 운영되고 있지만, 예전처럼 규모가 그리 크지는 않다. 이미 대형 마트가 들어서면서 더 신선하고 믿을 수 있는 상품을 저렴하게 살 수 있도록 도왔다. 이제는 더 이상 시장에 가지 않고도 간편하게 집에서 스마트폰만 있으면 원하는 상품을 바로 당장 오늘, 내일 받아볼 수 있는 시대가 되었다. 이렇게 기술이 발전함에 따라서 점점 사람들은 더 비용은 적고, 더 유용한 것을 이용하게 된다.

암호화폐는 탄생한 지 이제 14년가량 되었다. 아직도 갈 길이 멀지만, 생긴 지 10년 내외밖에 안 됐음에도 발전은 매우 빠르다. 기존의 기술보다 더 유용하고 합리적이다. 이더리움의 스마트 컨트랙트 기능

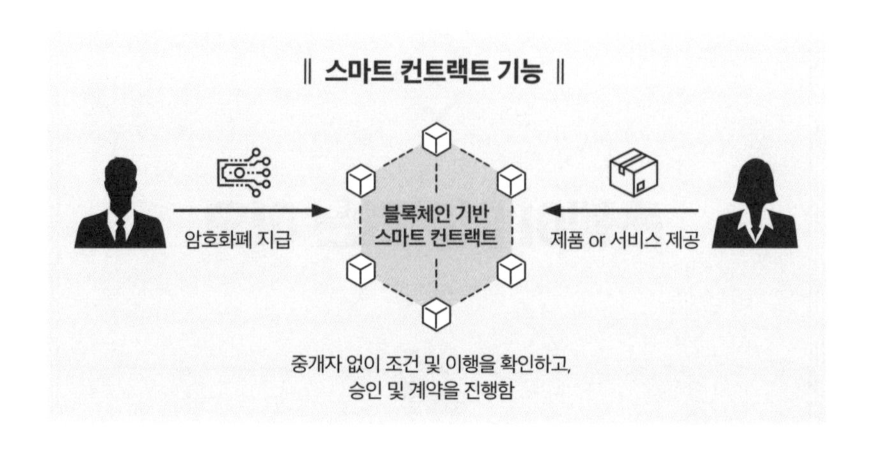


은 소비자들의 거래를 매우 크게 혁신하고 있다. 스마트 컨트랙트는 A와 B가 서로 일정한 계약을 맺고 서로 약속을 지켰을 때 원하는 거래가 자동으로 실행되도록 하는 기능인데, 탈중앙화답게 중앙에서 중개자가 없이 그들끼리 서로 약속한 대로 진행하는 방식이다.

이 기능은 비즈니스를 하는 모든 상황에서 쓰일 수 있는데, 대표적인 게 바로 금융이다. 예를 들어보자. 우리는 은행과 같은 금융기관에 부동산, 자동차, 예금 등 우리가 갖고 있는 재산을 맡기고 그 재산을 담보로 돈을 빌린다. 그런데 늘 은행에서는 빌린 돈을 제때 못 갚는 경우가 생긴다. 그럼 이 은행은 받은 담보를 현금화시키고 빌려줬던 수준만큼의 돈을 회수해야 한다.

자, 잘 생각해보자. 이 간단한 대출에도 수많은 비용이 따른다. 우선 은행 입장에선 돈을 빌리러 온 사람이 갚을 능력이 있는지 신용에 대해 조사해야 하는 비용이 따른다. 그리고 이 대출을 심사하고 관리할 직원도 필요하고, 깔끔한 지점(사무실)도 필요하다. 이 모든 일이 전산화될 수 있도록 유지하는 비용도 필요하며 이러한 고객 정보를 지키는

데 들어가는 보안 비용도 있다. 고객이 돈을 갚지 않으면 이 자산을 현금화시키는 데에 시간과 비용이 들어가기도 한다. 즉, 눈에 보이지 않는 엄청난 시간과 비용이 따른다.

하지만 스마트 컨트랙트 기반의 디파이시장은 매우 합리적이다. 서로 조건을 제시한다. 만약 내가 스마트 컨트랙트 기능을 활용해서 어떤 사람에게 현금으로 1억을 빌려주고, 담보로 10비트코인을 받았다고 해보자. 이자는 만기 전까지 원금과 함께 받기로 했다.

그런데 만약 상대방이 정한 기간 내에 제때 돈을 갚지 못했다. 그럼 봐주는 것 없이 스마트 컨트랙트 기능에 의해 자동으로 나에게 10비트코인이 들어온다. 즉, 상대방을 신뢰할 수 있는지 없는지 알아보는 수고와 비용도, 심지어 신뢰할 필요도 없다. 그저 정해진 거래대로 수행하면 될 뿐이다. 이 과정에서 진행되는 비용이 매우 크게 줄어들고, 속도도 빠르다. 대출은 1주일이든 2주일이든 심사 기간이 걸리고, 빌리는 입장에선 여러 번 지점도 찾아가야 된다. 하지만 스마트 컨트랙트는 매우 간편하게 중개자도 없이 서로 자유롭게 규칙을 정하면 그만이다. 즉, 기존의 금융 시스템보다 더 유용하고 합리적이다. 해서 블록체인 기술은 수많은 기업뿐 아니라 공공기관에서도 현재 업무에 활용되고 있고, 많은 것들이 블록체인 기반 시스템으로 바뀌고 있다. 특히 금융기관에서도 적극적으로 블록체인 시스템을 도입하고, 자신들의 기존 시스템을 혁신하고자 오래전부터 연구하고 있다. 오랜 시간이 지나면 아마 은행이라는 개념도, 은행원이라는 개념도 없어지고 그저 이런 블록체인 시스템을 잘 이용할 수 있도록 중개해주는 중개자만 남지 않을까 싶은 생각마저 든다.

어디 은행뿐일까? 현존하는 수많은 상거래 중 중개하는 역할의 상당 부분이 스마트 컨트랙트로 대체되어 가고 있다. 내가 상대방을 신뢰해야만 거래가 되고, 서로 약속한 게 잘 이행이 될 수 있을지 점검해야 되는 거래들에 스마트 컨트랙트를 이용하면 빠르고 쉽고, 간단하게 처리가 된다. 갈수록 암호화폐시장과 블록체인 시스템은 대세가 되어 간다. 많은 기업이 주식시장에 상장하는 대신 암호화폐시장에 상장하는 것을 택한다. 내 사업이 혁신적이고 블록체인과 연관성이 있으면 암호화폐시장에 어렵지 않게 상장할 수 있다. 주식시장에서는 내 사업의 가치를 100으로 매기더라도 암호화폐시장에서는 내 사업의 가치를 1,000으로 매겨준다. 상장하는 절차도 주식시장보다는 간편하고, 자율적이다. 거래소들 입장에서도 많은 암호화폐가 상장할수록 마케팅과 수수료를 벌어들이는 데에 유리하다.

우리가 잠깐만 찾아봐도 주식이 암호화폐화되는 증권형 토큰(STO)과 관련한 논의는 있어도 암호화폐가 주식화되는 경우는 논의가 없다. 암호화폐시장에서 성장한 거래소나 채굴 장비 판매 업체들이 나스닥에 상장하곤 하지만 일반 암호화폐 기업들 대부분이 굳이 주식시장에 상장할 필요성을 느끼지 못한다. 하지만 현존하는 모든 주식이 증권형 토큰화되어 가는 움직임은 보인다. 증권형 토큰 시스템이 완성되면 주식, 펀드, 채권 등 기존의 수많은 상품이 코인이 된다. 한국, 미국, 중국, 유럽 등 증권시장을 구분할 필요도 없다. 언제든 원하면 한국 사람이 미국 사람이 개발한 기업의 증권형 토큰을 사면 주식을 사는 것처럼 의결권도 행사하고, 배당도 받을 수 있다. 현재 발행된 수많은 암호화폐가 이미 비슷한 시스템으로 운영되고 있다.

돈이 제일 솔직하고 빠르다. 이미 암호화폐시장은 보이지 않게 대세가 되어 가고 있고, 전 세계의 거대 자본이 암호화폐시장으로 흘러 들어오고 있다. 성장성이 높고, 기술력 있는 비즈니스에 투자하는 벤처캐피탈의 자본은 이미 2015년경부터 암호화폐시장에 활발한 투자가 이루어지기도 했다.

# 반감기는 시장의 전설일 뿐

냉정하게 말하자면, 이렇게 혁신적으로 세상을 바꾸어 갈 것 같은 암호화폐이지만 아직은 현실적으로 갈 길이 멀다. 큰 동물이 작은 동물을 먹는다. 그게 자연의 섭리다. 이 이치는 여전히 금융시장에서도 적용되는데, 큰돈이 작은 돈을 움직이기 때문이다. 한 통계에 따르면, 암호화폐시장의 규모는 전체 자산시장에서 0.1%이 채 되지 않는다. 아직 거시적인 관점에서 암호화폐시장은 아무런 영향력이 없는 수준의 시장에 불과하다.

혹자들은 암호화폐시장에 따라 주식시장이나 다른 기타 시장이 큰 영향을 받는 것처럼 생각하는 경우가 있다. 절대 그렇지 않다. 단발성으로 이슈는 만들 수 있더라도, 암호화폐시장의 움직임은 철저히 경제의 방향성에 의해서 움직이고 있다.

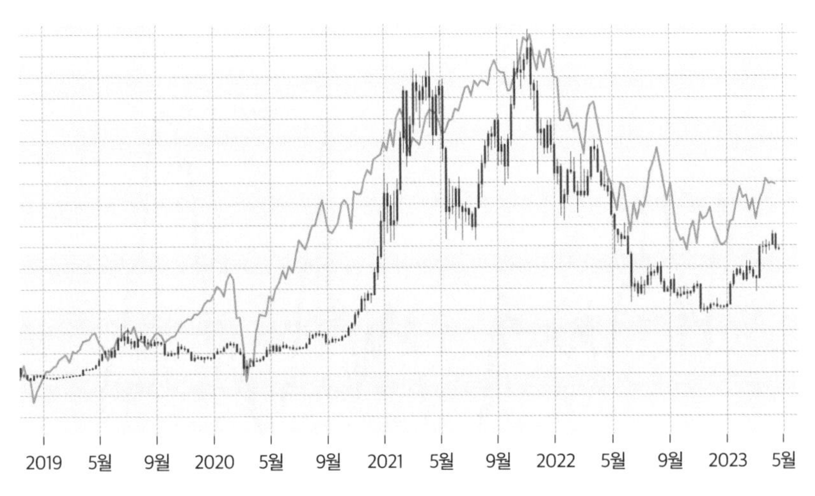


**비트코인(파랑)과 나스닥(연보라) 가격 차트**
출처: TradingView

일단 가볍게 차트를 한번 보자. 위 차트에서 파란 선은 비트코인의 가격 흐름을, 연보라색 선은 나스닥의 가격 흐름을 보여준다. 보이는 것처럼 둘은 거의 같은 방향성을 갖고 움직인다. 실제로 통계를 보더라도 두 자산 간의 상관관계는 '매우 높은 편'에 속한다. 즉, 둘은 함께 움직인다는 얘기다.

그리고 나스닥과 비트코인은 대표적으로 유동성의 영향을 크게 받는 자산군들이다. 즉, 미국 연준에서 열심히 화폐를 발행해서 돈을 풀고, 금리를 낮출수록 상승에 유리한 자산이다. 그러나 금리를 높이고 긴축을 하면서 시장의 유동성이 들어오면 둘 다 불리해진다. 즉, 비트코인이 경제를 움직이는 게 아니라, 경제가 비트코인을 움직인다.

좀 더 심화된 데이터를 보아도 결과는 마찬가지다. 연보라색 선과 파란색 선은 거의 같은 방향을 갖고 움직인다. 전 세계적으로 통화량이 늘어나고, 돈이 풀리면 비트코인도 상승한다. 반대의 경우도 마찬가지

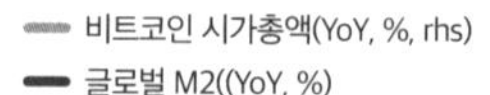


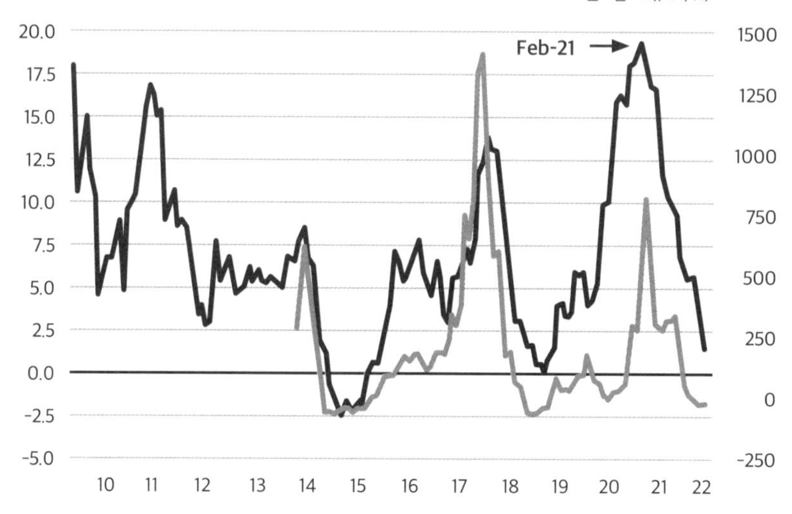


**글로벌 통화량(M2)과 비트코인 시가총액**

출처: Macrobond, Morgan Stanley Research

다. 통화량이 줄어들면 비트코인도 절대적인 영향을 받는다. 그럼에도 투자자들은 여전히 이러한 사실 대신 시장의 전설을 믿는다. 바로 '반감기 패턴'이다. 비트코인을 비롯한 다양한 암호화폐에는 반감기라는 것이 존재한다. 비트코인을 예로 들어보자. 비트코인은 일종의 암호를 푸는 과정을 통해 채굴로 얻을 수 있다. 마치 금을 채굴하듯 비트코인과 다양한 암호화폐를 채굴할 수 있는데, 비트코인을 설계한 사토시 나카모토가 여기에 신박한 기능을 하나 넣은 게 바로 반감기다.

비트코인을 한 번에 채굴할 수 있는 양이 4년마다 절반으로 줄어든다. 그래서 반감기이다. 이게 우리에게 주는 힌트가 매우 강력한데, 비트코인은 2,100만 개로 총 발행량이 제한되어 있으면서도 채굴량은 계속 반으로 줄어든다. 즉, 얻을 수 있는 양은 점점 빠르게 줄어드는 데에 반해 전체 개수는 한정되어 있다. 희소성이 시간이 갈수록 커져서 가격이 계속 상승할 수 있는 구조로 만든 것이다.

다이아몬드는 굉장히 비싸고 값지다. 잡티가 없을수록 가격은 더 천정부지로 치솟는다. 그런데 이 다이아몬드도 한때는 소수의 회사가 전 세계 유통량의 대부분을 독점하며 가격을 좌지우지했다. 여전히 인공으로 다이아몬드를 싸게 만들 수 있어도, 사람들은 천연 다이아몬드의 영원함에 의미를 부여하며 고가를 주고 사랑을 약속한다.

하지만 비트코인은 다이아몬드보다 훨씬 솔직하다. 투명한 장부로 이동 경로를 추적할 수 있고, 그 장부는 누구나 다 열어볼 수 있다. 총 발행량과 유통량도 다 조회할 수 있다. 얼마나 솔직한 시스템인가? 나이가 지긋한 어르신들은 비트코인의 시스템을 부정하는 경우가 많고, 나도 그런 시각에 대해 이해한다. 하지만 어찌 보면 비트코인이 가장 투명한 시스템이 아닐까 싶다.

반감기는 비트코인의 희소성을 높이는 시스템이 맞다. 하지만 희소성을 높인다고 '시장 가격'이 높아지는 것은 아니다. 그것은 분명 다른 문제다. 1개에 100원 하던 물건이 세상에 총 100개가 있다고 가정해 보자. 이게 50개로 줄어들었다고 꼭 가격도 2배가 올라서 200원이 되는 건 아니다. 사람들이 더 이상 이 물건을 찾지 않으면 아예 무가치한 상품이 될 수도 있다.

기본적인 수요와 공급의 원리에 대해서 안다면 이 이야기에 공감할 것이다. 공급이 줄어들면 분명 희귀해진다. 즉, 희소성이 높아진다. 하지만 희귀해진다고 해서 가격까지 반드시 높아지는 것은 아니라는 것이다. 공급이 줄어들어도 수요가 여전히 유지되어야만 가격이 높아지는 것이다. 경제가 어려워지면 투자자들이 암호화폐와 비트코인을 찾는 수요는 줄어든다. 반감기로 비트코인 채굴량이 줄어든다고 하더라도 당장 내가 먹고살기 급급한데 비트코인을 살 사람은 거의 없다. 먼 미래에는 이 구도가 바뀔 가능성을 열어두겠으나, 아직까지는 절대적으로 경제의 영향을 받고 있다는 사실을 유념하자.

관점을 조금 다르게 해서 내가 만약 공격적인 수익을 추구하는 사람이라면 경제가 좋을 때에 주식보다 비트코인이나 암호화폐 투자 비중을 높여 내 포트폴리오의 수익률을 더 크게 극대화할 수 있다. 어차피 오를 때에는 주식이나 코인이나 같이 오르기 때문이다.

# 암호화폐, 리스크를 알고 투자하자

## 벼락부자의 기회는 코인뿐?

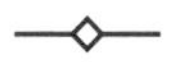

현금이 최고라고 생각하는 독자가 많을지도 모르겠다. 그러나 중앙은행이 화폐를 발행할수록 화폐 가치는 떨어지고, 다른 자산들의 가치는 상대적으로 올라간다. 그래서 현금을 좋아하는 사람 중에 부자가 많지 않은 이유이기도 하다. 부자들은 화폐보다는 실물 자산(부동산, 주식 등)을 선호할 수밖에 없다. 경제학적으로 당연한 원리다.

벼락부자라는 말처럼 최근에는 벼락거지라는 단어도 등장했다. 부동산이나 주식 등의 자산 가격이 폭등할 때 현금만 가지고 있어서 상대적으로 그 수혜를 입지 못한 계층을 벼락거지라고 부른다. 가상화폐 시장은 아직도 기회만 잘 잡으면 벼락부자가 될 수 있는 시장이라고 볼 수 있다. 물론, 가상화폐는 아직 검증이 끝나지 않은 위험한 자산에 속한다. 그러나 'High risk High return'이라는 말이 있듯이, 위험자산일수록 수익률이 높은 것은 당연한 이치이다. 가장 안전한 자산인 현금이 수익률이 가장 낮을 수밖에 없다. 그래서 부자들은 안전자산보다는 위험자산에 집중하고, 분석해 투자하는 것이다.

그렇다고 무턱대고 위험자산에 올인해서는 정말 위험한 일이 벌어진다. 위험자산일수록 자산의 구조가 좀 더 복잡하고 전문적일 수밖에 없기에 공부가 필요하다. 공부와 철저한 분석을 통해 투자의 위험을 낮춰야 한다.

## 가상화폐에도 버블이 생길까?

비트코인이 탄생한 2009년부터 가상화폐 투자자들은 대부분 개인 투자자였다. 주식시장의 큰손들이 대부분 기관 투자자들인 것과는 사뭇 다른 현상이다. 가상화폐가 돈이 된다는 사실을 뒤늦게 깨달은 기업가들은 회사를 설립하고 비트코인을 채굴하기 시작했고, 채굴시장도 기업적으로 성장했다. 일례로 중국의 우지한이 설립한 비트메인(Bitmain)이라는 기업은 가상화폐 초창기에 특수 채굴기를 들여와 비트코인 대량 채굴에 성공해 큰돈을 벌었다.

그러나 채굴이 아닌 가상화폐에 투자한 투자자들은 대부분 개인 투자자였다. 2018년 첫 번째 가상화폐 버블이 있었는데, 당시 가상화폐 시장은 개인들을 중심으로 과열되었다가 폭락해 침체되었으며 지금은 계속된 정체기에 접어들었다. 가상화폐시장이 다시 성장하는 모멘텀은 앞으로 기관 투자자들에게 달렸다고 본다.

2020년 이후 비트코인 시장에 기관 투자자가 참여하기 시작했다. 기관 투자자 중에서 선봉에 있는 것은 헤지펀드라고 할 수 있다. 헤지펀드는 위험자산을 통한 고수익을 추구하며 규제가 느슨하다고 판단되면 다른 기관 투자자들보다 의사 결정이 빠르다는 특징이 있다. 그 다음으로 자산운용사와 투자회사들을 중심으로 가상화폐 투자가 이루어지고 있다. 끝으로 가상화폐 투자 후발주자는 연기금, 증권사, 보험사 등이다. 테슬라, 아마존, 애플 같은 비금융 회사들도 가상화폐 투자를 시작했다. 즉, 가상화폐 시장에 드디어 큰손들이 등장하기 시작한 것이다.

가상화폐를 ETF(Exchange Traded Fund)로 구성해 상장하게 되면 주식시장과 마찬가지로 제도권의 인정을 받은 금융상품처럼 거래가 활성화될 것으로 보인다. 이 경우에는 개인 투자자들도 ETF에 손쉽게 투자하면서 가상화폐시장에 자유로이 투자할 수 있는 환경이 조성될 것이다. 안정화 시기가 오기 직전에 시장의 호재 요인들이 발표된다면 다시 한번 버블이 오면서 가상화폐 가격 상승을 기대해볼 수도 있을 것이다.

## 비금융사들이 암호화폐에 투자하는 이유

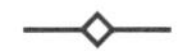

애플, 구글 등의 메이저 기업들은 현금 및 현금성 자산을 어마어마하게 보유하고 있다. 그 이유는 수익성이 있는 프로젝트에 투입해 더 큰 수익을 내기 위함이다. 은행 이자율보다 높은 수익이 확실히 보장되지 않는다면 굳이 은행이 아닌 다른 곳에 투자할 이유가 없다.

재미있는 사실은 이런 메이저 기업들은 주식 투자는 잘 하지 않는다는 것이다. 그 이유를 각종 공정거래 규제나 금융 규제 때문이라고 말할지 모르지만, 실상은 경제 분석 결과에 충실해서 그런 경우가 많다. 주식은 변동성이 심한 시장이다. 실제로 돈을 써야 하는 시점에 주식 시장이 침체되는 경우 손절해야 한다. 그러다가 기업의 성과가 악화될 위험이 높다. 일부 기업은 여유자금으로 안전한 주식 종목에 투자하기도 하지만, 영업활동 외의 수익은 추구하지 않는 것이 일반적이다.

회사 자금을 은행에 넣어두면 오히려 수익성이 악화될 수 있다. 그러므로 많은 기업이 회사 자금을 투자자산에 투입하는 것이다. 가상화폐에도 일부 자금을 투자하는 회사가 늘고 있다. 게임 회사 '위메이드'의 경우, 블록체인 기반의 게임 개발 자회사로 '위메이드트리'를 설립해 블록체인 기술을 개발할 뿐만 아니라 가상화폐에도 투자해 이익을 내고 있다.

미국의 메이저 보험사 '매스 뮤추얼'이나 전기 자동차 회사 '테슬라'가 가상화폐 투자에 뛰어든 것처럼 우리나라에서도 삼성생명이나 삼성전자가 가상화폐에 투자한다면, 개인 투자자들의 자금이 가상화폐 시장으로 몰려들 여지가 있다. 그러나 미국과 국내 사정은 많이 달라서, 우리 정부는 가상화폐 투자에 대해 각종 규제 방안을 내놓기 시작했지만 명확한 가이드 라인이 부재한 상태다. 메이저 회사들이 가상화폐에 막대한 자금을 투자하기에는 아직 어려움이 있는 이유이다.

## 늘어나는 온라인 결제 회사들

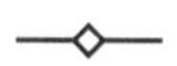

페이팔(PayPal)은 전 세계 200여 국가에서 개인과 사업자에게 온라인 결제 시스템을 제공하고 수수료 수익을 얻는 유명한 기업이다. 공

인인증 시스템을 사용하는 우리나라에서는 예외적으로 페이팔을 귀찮게 여기고 오히려 카카오페이, 네이버페이 같은 결제 시스템을 더 많이 이용한다. 그러나 해외 직구를 할 경우에는 페이팔만 한 것이 없다고 생각하는 사람도 많다. 페이팔의 경우 가상화폐의 교환적 기능에 초점을 두고 접근하는 듯하다.

페이팔은 2020년 10월에 비트코인, 이더리움, 라이트코인, 비트코인캐시 등 가상자산 거래를 지원한다고 발표한 바 있다. 이는 페이팔이 가상자산거래소의 기능도 할 것이라는 선언과도 같다. 이와 함께 페이팔은 페이팔 가맹점에서 가상자산으로 결제할 수 있는 기능을 추가했다. 가상화폐를 말 그대로 '화폐'로 사용할 수 있도록 한 것이다. 4억 명의 사용자를 가진 페이팔과 가상화폐의 시너지는 매우 클 것이다. 이 뉴스가 발표되고 가상화폐 시장이 더 성장한 게 사실이다.

스퀘어(Square)라는 기업이 있다. 스퀘어는 미국의 모바일 금융 서비스를 제공하는 기업으로, 2009년에 트위터 CEO인 잭 도시(Jack Dorsey)가 설립했다. 스퀘어는 스마트폰에 부착해 신용카드 결제가 가능한 휴대용 결제기 출시로 시작했지만, 지금은 캐시(Cash)라는 앱을 통해 한국의 토스나 카카오페이처럼 간편 송금을 하고 주식과 가상화폐를 매매할 수 있는 서비스도 제공한다. 스퀘어는 2020년 10월 약 5천만 달러를 투자해 4,709개의 비트코인을 매수했다. 5천만 달러는 스퀘어 전체 자산의 약 1%를 차지하는 상당한 규모에 해당한다. 이런 투자는 다른 회사들의 연속적인 투자로 이어질 수 있다.

국내 가상화폐 시장은 기관 투자자들의 유입, 메이저 회사들의 투자 증가, 시장의 제도 안정화, 규제 제도의 정착으로 인한 명확한 가이드라인 확립 등의 과제를 안고 있다. 반대로 말하면, 아직 가능성이 무궁무진한 시장이라는 말이다. 남들보다 한발 앞서 시장의 흐름과 각종 지표들을 분석하면서 가상화폐 공부를 시작해야 하는 이유가 아닌가 한다.

# 코인도 저평가된 종목을 찾는 게 가능할까?

## 코인도 내재 가치가 있을까?

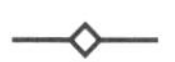

주식에서 가치투자란 저평가된 주식을 발굴해 그 내재 가치를 보고 투자하는 방식을 말한다. 이는 주식뿐만 아니라 코인에서도 마찬가지로 통한다고 본다. 주식 투자자라면 워런 버핏을 가치투자의 대가로 잘 알고 있을 것이다. 워런 버핏은 일찍이 열 살 무렵부터 주식 투자를 시작했으며, 이후 60년 넘게 주식시장에서 엄청난 성과를 거둔 거장이다. 나는 경제교육 강의를 할 때마다 워런 버핏 이야기를 하는데, 간혹 진부한 이야기라고 치부하는 사람들이 있지만 그의 투자 원칙을 지키는 것만이 장기적으로 그와 같은 부자가 될 수 있는 길이라고 감히 말할 수 있다.

코인은 이를 발행한 재단이 있고 그 재단이 구상하는 프로젝트가 있다. 그 프로젝트의 성장성과 잠재력, 수익성에 따라 코인의 미래 가격은 변동될 것이다. 주식을 발행한 기업의 미래 가치가 곧 주식의 내재 가치인 것처럼 코인을 발행한 재단의 미래 가치가 곧 코인의 내재 가치이다. 그 미래 가치만큼 가격이 오를 것을 믿고 투자하는 방법을 내재 가치 투자법이라고 한다.

코인의 현재 가격이 내재 가치에 비해 낮다고 판단된다면 당연히 그 종목을 사야 한다. 현재 그 코인 가격이 떨어지고 있더라도 그 내재 가치를 믿고 사는 것이다. 이것이 곧 가치투자다.

그렇다면 코인의 내재 가치는 어떻게 파악할까? 코인의 내재 가치를 파악하기 위해서는 코인의 정보를 정리해볼 필요가 있다. 그리하여 이와 같은 질문을 던져보아야 한다. 과연 이 코인은 미래에 얼마만큼 활용되고 얼마나 큰 수익을 창출할 수 있을까? 코인을 통한 프로젝트의 성장성과 안정성, 코인을 발행한 법인의 성장성과 안정성은 얼마나 좋은가? 이는 주식 투자할 때 기업의 내재 가치를 분석하는 것과 큰 틀에서 비슷하다.

## 코인 정보는 어디서 어떻게 찾을까?

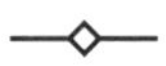

### 1) 코인 공식 홈페이지

코인에 대한 기본적인 정보는 프로젝트 재단의 홈페이지에 들어가보면 확인할 수 있다. 코인에 대한 기본적인 소개, 뉴스, 로드맵, 재단 구성원에 대한 정보가 일목요연하게 요약되어 있다. 프로젝트 재단의 다양한 커뮤니케이션 채널들도 나와 있다. 프로젝트 재단이 발행한 백서와 라이트 페이퍼를 검색해보고 코인의 미래 활용성, 프로젝트의 미션과 비전, 목표 등을 필수적으로 확인해야 한다. 이에 더해 거래소 홈페이지의 상장 검토보고서와 공시 내용도 확인한다면, 좀 더 객관적으로 코인을 분석해볼 수 있다.

어느 코인에 투자할지 잘 모르겠다면, 걸러내야 할 코인을 먼저 체크하는 것도 좋은 방법이다. 코인 공식 홈페이지조차 없는 코인은 투자하지 않는 것이 안전하다. 재단의 최신 뉴스가 없고 오래된 뉴스만 공시된 프로젝트는 수요가 없는 코인일 가능성이 크다. 게다가 최신 로드맵으로 개정하지 않고 오래된 로드맵을 떡하니 공시한 프로젝트도 걸러내는 것이 좋다. 이런 코인은 재단이 코인 관리를 제대로 하지 않는다는 이야기일 수 있기 때문이다.

로드맵이란 코인의 발전에 대한 구상을 뜻한다. 따라서 그 프로젝트 사업이 지금까지 얼마나 진척되었고 어떤 성과를 내고 있으며, 앞으로 어떤 방향으로 나아갈 것인지 로드맵을 통해 지속적으로 업데이트해야 하는 것이 필요하다. 만약 홈페이지에 그런 로드맵이 없다면 SNS에서라도 그 로드맵을 확인해볼 필요가 있다.

### 2) 백서 또는 라이트 페이퍼

코인 투자를 제대로 고려한다면, 반드시 백서를 검토하길 바란다. 백서의 양이 많아 읽기 힘든 사람들을 위해 요즘에는 재단에서 백서의 약식 버전인 라이트 페이퍼를 제공하기도 한다. 백서에서 파악해야 할 사항은 코인의 사업계획, 기술적인 내용, 투자계획, 코인이 현재 거래되는 방식이다. 이조차 어렵다면, 라이트 페이퍼에서 사업계획과 로드맵 정도는 반드시 보기 바란다. 더불어 재단 홈페이지를 간략하게라도 훑어보고 관련 뉴스도 찾아보라. 거금을 투자하는데 이런 작업은 필수적이다.

### 3) 거래소 상장 검토보고서

코인이 거래소에 상장되었다면, 거래소에는 검토보고서가 있을 것이다. 거래소는 상장, 투자 유의, 거래 지원 종료 등을 결정하기 위해 일정 기준에 따라 코인을 평가하는데, 그 결과가 바로 검토보고서에 기록된다. 검토보고서의 내용은 거래소마다 다소 차이가 나지만, 보통은 코인의 간략한 소개와 주요 특징을 언급하게 되어 있으니 이것만 보더라도 해당 코인의 내재 가치 파악에는 도움이 될 것이다.

코인원의 경우 가상자산 소개 및 명세서 서비스를 제공하므로 이를 활용해보는 것도 좋은 방법이다. 코인원에서는 각 코인마다 일목요연한 정리를 제공한다. 소개하는 동영상도 있으니 한 번쯤 볼 만하다.

**코인원 제공 가상자산 소개 및 명세서**

빗썸의 경우에는 '빗썸카페(https://cafe.bithumb.com/)'에 접속해 정보란에서 가상자산 검토보고서를 확인해볼 수 있다.

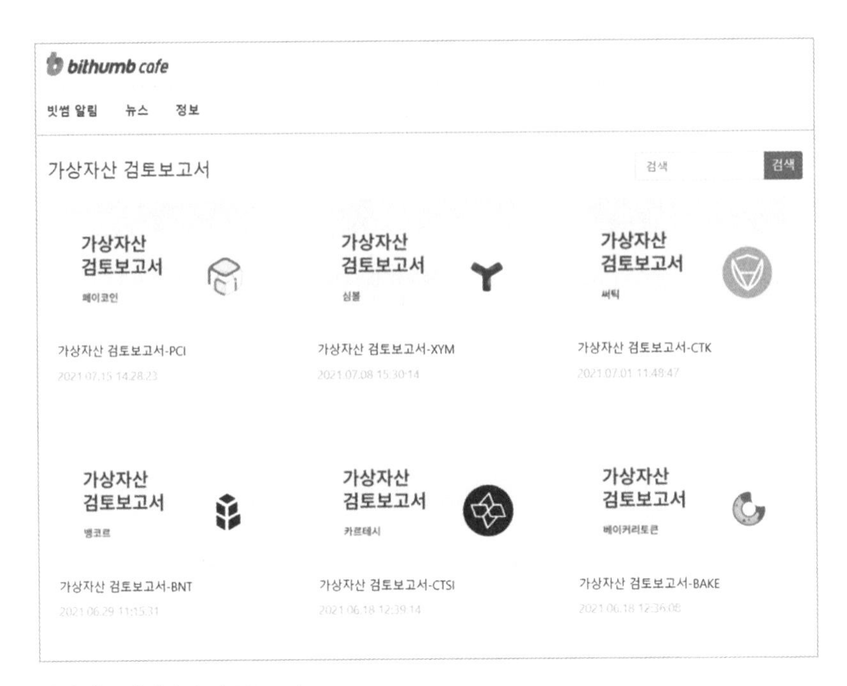


**빗썸 제공 가상자산 검토보고서**

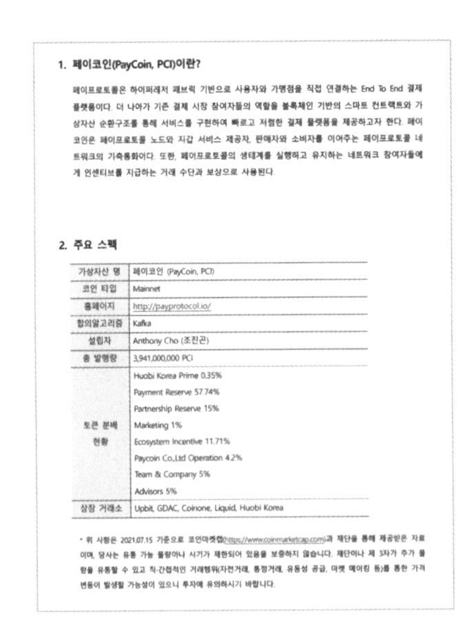

**1. 페이코인(PayCoin, PCI)이란?**

페이프로토콜은 하이퍼레저 패브릭 기반으로 사용자와 가맹점을 직접 연결하는 End To End 결제 플랫폼이다. 더 나아가 기존 결제 시장 참여자들의 역할을 블록체인 기반의 스마트 컨트랙트와 가상자산 순환구조를 통해 서비스를 구현하여 빠르고 저렴한 결제 플랫폼을 제공하고자 한다. 페이코인은 페이프로토콜 노드와 지갑 서비스 제공자, 판매자와 소비자를 이어주는 페이프로토콜 네트워크의 기축통화이다. 또한, 페이프로토콜의 생태계를 실행하고 유지하는 네트워크 참여자들에게 인센티브를 지급하는 거래 수단과 보상으로 사용된다.

**2. 주요 스펙**

| 가상자산 명 | 페이코인 (PayCoin, PCI) |
|---|---|
| 코인 타입 | Mainnet |
| 홈페이지 | http://payprotocol.io/ |
| 합의알고리즘 | Kafka |
| 설립자 | Anthony Cho (조진곤) |
| 총 발행량 | 3,941,000,000 PCI |
| 토큰 분배 현황 | Huobi Korea Prime 0.35%<br>Payment Reserve 57.74%<br>Partnership Reserve 15%<br>Marketing 1%<br>Ecosystem Incentive 11.71%<br>Paycoin Co.,Ltd Operation 4.2%<br>Team & Company 5%<br>Advisors 5% |
| 상장 거래소 | Upbit, GDAC, Coinone, Liquid, Huobi Korea |

• 위 사항은 2021.07.15 기준으로 코인마켓캡(https://www.coinmarketcap.com)과 재단을 통해 제공받은 자료이며, 당사는 유통 가능 물량이나 시기가 제한되어 있음을 보증하지 않습니다. 재단이나 제 3자가 추가 물량을 유통할 수 있고 직·간접적인 거래행위(자전거래, 통정거래, 유동성 공급, 마켓 메이킹 등)를 통한 가격 변동이 발생할 가능성이 있으니 투자에 유의하시기 바랍니다.

가령, '페이코인'의 검토보고서를 클릭하면, 코인 정보 및 스펙 등 다양한 자료를 확인할 수 있다.

**페이코인 검토보고서**

# 메타버스, 암호화폐와 융합하다

메타버스(Metaverse)가 한때 큰 유행이었다. 많은 투자자가 메타버스에 열광했고, 수많은 돈이 메타버스로 흘러 들어왔다. 하지만 수많은 투자금이 무색하게 현재까지의 메타버스 시스템은 허접한 수준이었다. 그저 장밋빛 미래를 가득 담은 좀비기업에 불과했다. 하지만 2000년 닷컴버블 당시를 되돌아본다면, 닷컴버블과 최근의 시장이 정말 많이 닮아있다는 걸 알 수 있다. 기술주들이 굉장히 고평가되었었고, 주식시장은 너무나 뜨거웠으며, 많은 수익을 내는 기업보다 당장 이익이 안 나더라도 대단한 기술력을 가진 기업에 열광했다.

당시의 우리나라 코스닥 시장에도 닷컴버블 열풍이 불면서 회사명 뒤에 '닷컴'만 붙어도 주가가 고속으로 폭등하고, 기존에 IT와 아무런 관련이 없는 사업을 하던 회사가 IT사업에 진출할 것이라는 소식만 들

려도 주가가 매우 크게 폭등했다. 그 이후 기술주들은 기본이 반의반 토막 이상 하락하거나 상장폐지되는 종목들이 속출했었다.

그렇다면 닷컴버블에 투자자들이 열광했던 것은 바보같은 행동이었을까? 꼭 그렇지만은 않다. 실제로 닷컴버블 전후로 애플, 아마존, 알리바바와 같은 거대 기술기업들이 탄생했고, 그들은 실제 기술력을 계속 발전시켜서 오늘날 세상에 어마어마한 영향력을 미치는 기업들이 되었다. 즉, 실제로 기술은 존재했다는 것이다.

메타버스는 어떨까? 메타버스는 앞으로 세상의 트렌드를 크게 바꿀 산업군 중 하나다. 모든 돈은 큰 곳에서 작은 곳으로 흐르고, 작은 돈들은 큰돈의 중력에 의해 끌려오게 된다. 마켓앤마켓의 'Metaverse Market - Global Forecast to 2027'에 따르면, 메타버스 시장은 2027년까지 연간 47.2%의 초고속 성장세를 기록할 것이라고 한다. 미국의 유명 투자은행 시티그룹은 메타버스 시장이 2030년까지 최대 13조 달러(1경 8,600조 원)의 시장 규모로 성장할 것이라고 전망하기도 했다. 하지만 이러한 전망은 모두 메타버스가 주목받고, 뜨거운 관심을 받을 때 전망되던 부분이라서 실제 결과는 좀 더 미비할 수도 있다. 그럼에도 불구하고 전문가들이 메타버스의 전망을 높게 사던 이유는 무엇일까? 바로 '가상의 현실세계'다.

메타버스는 복잡하게 생각할 것이 없다. 온라인 게임 산업이 더 발전해 여기에 실제 경제와 정치, 문화 시스템이 도입된 결과물이라고 보면 된다. 우리는 코로나를 겪으면서 대면보다는 비대면을 선호하게 됐고, 아직까지도 많은 기업들이 재택근무를 채택하고 있다. 심지어 병원을 가지 않더라도 진료를 받고 약을 처방받을 수 있는 시대가 되었다. 업무 미팅은 줌(Zoom)으로 대신하고, 쇼핑도 온라인에서 한다. 모든

**메타버스 플랫폼 '제페토'의 플레이 사진**
출처: 조선비즈

것이 온라인으로 이루어지는 세상이다.

메타버스는 여기서 더 나아가 온라인의 가상세계에서 내가 사람들과 어울리고, 다양한 활동으로 돈도 벌고, 동시에 재미까지 추구할 수 있는 개념이 된다. 메타버스 세상에선 내가 몸이 불편하건, 인종이 어떻든, 외모나 목소리가 어떻든 아무 상관이 없다. 내가 남자인데 여자로 활동할 수 있고, 내가 흑인이지만 백인이 될 수 있고, 내가 몸이 불편하더라도 메타버스 세상에선 하늘을 날고 사람들에게 도움을 줄 수 있는 존재가 된다. 즉, 메타버스는 나를 새롭게 태어나게 한다.

실제로 그럼 이러한 메타버스 플랫폼에서 돈을 벌 수 있을까? 당연히 가능하다. 2021년 11월 매일경제의 기사에 따르면 전 세계 1위 메타버스 플랫폼인 로블록스에서 게임 내 소득으로만 실제 억대 연봉을 거둔 사람들이 무려 300명이 넘었고, 수천만 원의 돈을 벌어들인 사람도 꽤나 많다. 충격적인 것은, 이 중 10대도 있다는 것이다. 즉, 내가 신

mk.co.kr
https://www.mk.co.kr › news
`로블록스`로 억대 소득자 급증한다...작년에만 300명 넘어
MOZ DA: 87/100 (+1%) Ref Dom: 15.62K Ref Links: 20.84M Spam Score: 10% Show backlinks
Search traffic (us): -/mo (website: 20/mo) - Keywords (us): - (website: 40)
2021. 11. 15. — 작년에만 **로블록스로**만 **억대 소득**을 거둔 사람이 300명을 훌쩍 뛰어넘었을 정도다. **로블록스**에서 게임을 설계한 외부 개발자가 받은 수익은 지난해에만 ...

출처: 매일경제

나게 놀고, 활동하는 모든 것들이 실제 세상의 돈이 된다. 지금은 미약하지만 메타버스 산업이 성장하면 벌 수 있는 돈도 더 많아지고, 영향력도 더 많이 생길 것이다.

사람이 모이면 돈도 모이지만 세력 또한 생긴다. 더 많은 영향력을 가진 사람이 더 많은 돈과 더 많은 권한을 갖는다. 현실 세계와 다를 바 없는 제2의 현실세계가 메타버스 안에서 만들어져 가는 것이다. 또한 이는 권력의 이동과도 관련이 깊다. 기존 기업의 시스템에선 무능력하고 기여도가 적은 사람도 상황만 잘 맞으면 얼마든지 큰돈을 벌고, 높은 자리로 승진할 수 있었다. 회사 내 정치를 통해 이간질하고, 부하직원의 공을 가로채는 등의 사례는 우리가 주위에서 수없이 보아왔다.

그래서 요즘에 블록체인과 암호화폐 산업에서는 DAO(탈중앙화 조직)라는 경제 커뮤니티가 탄생했다. 목적이 맞는 사람들끼리 모여서 서로 자기가 잘할 수 있는 분야에 기여하고, 내 기여도만큼 공평하게 결과물을 배분하는 것이다. 실제로 DAO는 암호화폐 생태계 내에서 대중적으로 자리잡았다. 더 이상 우리는 대기업에 취업하고 기업의 부품이 될 필요가 없다. 내가 잘할 수 있고 좋아하는 분야에 적극적으로 기여하고, 그 기여도만큼 공평하게 돈을 벌 수 있다. 이것이 바로 DAO

이며, 메타버스의 미래 경제 시스템이다. 메타버스에서는 대기업처럼 수천 명, 수만 명이 모일 필요도 없다. 모든 것이 가상세계이기에 생산성은 현실세계보다 매우 뛰어나다. 몇 명만 모여도 메타버스 세상에서 수백 억 단위의 돈을 벌 수 있는 시대가 다가오고 있다.

이러한 세상에서 대중적으로 쓰이게 될 화폐가 무엇일까? 메타버스 이용자들의 대부분은 매우 젊은 10대, 20대들이다. 암호화폐에 굉장히 친화적이고, 새로운 기술을 받아들이는 데에 두려움이 없다. 암호화폐는 전 세계에 누구에게든 빠른 송금이 가능하고, 스마트 컨트랙트를 통해 서로 철저하게 계약을 할 수 있어 상대방을 신뢰할 필요도 없다. 거래, 일의 대가는 스마트 컨트랙트 기반의 암호화폐로 치른다. 매우 자연스럽게 이어지는 그림이다.

암호화폐는 블록체인을 기반으로 만들어졌고, 메타버스 세상 또한 블록체인 기술이 주가 된 세상이다. 그 세상에서 암호화폐가 쓰이게 될 것은 불 보듯 뻔한 일이다. 국가의 통제를 받는 법정화폐가 아니라, 자율적으로 사람들에 의해 거래되는 암호화폐가 메타버스 이용자들에겐 더 친숙하게 느껴질 수밖에 없다.

지금도 게임에서 법정화폐를 쓰지 않고 사이버 머니를 쓰고 있지 않은가? 암호화폐란 메타버스 세상에서 마치 하나의 사이버 머니와도 같은 역할을 하게 된다. 즉, 메타버스 시장의 성장은 곧 암호화폐 시장의 성장과도 연관이 있다.

# 디파이, 전통시장과 대형 마트

우리나라에서는 전통시장을 살리기 위해서 다양한 노력을 하지만 결국 사람들은 전통시장 대신 대형 마트로 발걸음을 옮긴다. 기술의 발전에 따라 결국 더 합리적이고, 더 적은 비용으로 더 많은 결과물을 얻을 수 있는 곳으로 사람들은 옮겨갈 수밖에 없다. 디파이(DeFi)는 그러한 점에서 마치 대형 마트와도 같다고 볼 수 있다. 기존의 금융 시스템은 전통시장과 비유될 수 있다. 현대의 금융 시스템의 수많은 불편함들을 디파이가 해결하고 있다.

금융기관의 고객 정보 유출 사고는 우리가 살면서 한 번쯤은 당연하게 접했을 정도로 생각보다 빈번했던 일이었다. 금융기관에 대출 문의를 한 번 하면 그 이후에 여러 대부업체나 저축은행에서 어떻게 알고 내 번호로 대출을 받으라고 연락이 온다. 이만큼 내 개인정보가 알게

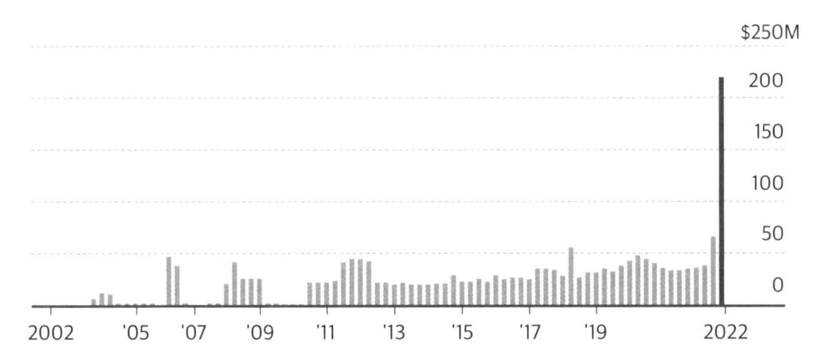


**실리콘밸리 은행 내부자 대출 추이**
출처: Bloomberg

모르게 다른 사람의 이익을 위해서 활용되곤 했다. 그리고 우리는 이러한 시스템에 불만이 있었다.

또, 금융기관들의 추악한 행동도 마찬가지다. 이 책을 집필하는 현재, 실리콘밸리 은행이 부도에 직면해 있는 상황이다. 그런데 여기서 소름돋는 사실은, 실리콘밸리 은행이 망하기 전 은행의 임직원 등 내부자들이 주식을 미리 팔아치우고, 엄청난 규모로 대출까지 받았다. 즉, 은행이 미리 망할 것을 알고 조금이라도 더 비싼 값을 받고 주식을 팔아 이익을 남겼고, 은행의 부실한 시스템을 이용해 이때다 싶어 대출도 무지막지하게 받았다. 고스란히 피해는 소비자의 몫이 되었다.

현대 금융시스템의 가장 중요한 맹점 중 하나는 바로 '탐욕'이다. 금융기관에 소속된 사람들은 돈의 탐욕에 눈이 멀어 고객들에게 부실한 금융상품을 권유하여 막대한 수수료를 챙기고, 이러한 일이 반복되면서 시스템의 부실이 눈덩이로 커져 결국은 여러 금융기관들이 도미노로 붕괴되는 일이 벌어진다.

FUNDS NEWS MARCH 28, 2008 / 9:03 PM / UPDATED 15 YEARS AGO

**Citi says Lehman has ample liquidity**

FINANCIAL SERVICES MARCH 13, 2008 / 2:02 PM / UPDATED 15 YEARS AGO

**Bear Stearns CEO Says Liquidity Strong**

**글로벌 금융위기 직전 시티그룹은 리먼브라더스는 충분한 유동성을 갖고 있다고 말했고, 베어스턴스 은행의 CEO는 자신의 은행이 강력한 유동성을 갖고 있다고 말했다. 두 은행 다 붕괴되었다.**
출처: 로이터

이러한 일은 현대에 와서도 마찬가지다. 지난 2008년 글로벌 금융위기 당시, 아무 문제가 없다며 안심하라던 은행들은 몇 달도 못 버티고 파산하는 지경에 이르렀다. 심지어 사건이 벌어지고도 거짓말까지 한 것이다.

인간의 탐욕은 본능이다. 많은 것을 가져도 더 많은 것을 갖고 싶은 게 인간의 본능이며, 금융기관을 운영하는 주체 또한 인간이다. 하지만 금융기관은 사고가 발생했을 때 단순히 자신들만 피해를 입는 것이 아니라 고객의 소중한 돈에 큰 피해를 불러일으키며, 현대의 은행 시스템상 한 은행이 파산하면 다른 은행도 부실해지는 전형적인 도미노 구조로 이루어져 있다. 중앙화 금융 시스템의 완벽한 맹점이다.

하지만 디파이는 다르다. 탈중앙화되어 있어 고객 정보가 유출될 일도 없고, 인간의 탐욕으로 시스템이 무너질 일도 전혀 없다. 그저 돈을 빌리고 싶은 사람과 돈을 빌려주고 싶은 사람을 이어주는 플랫폼에 불과하기 때문이다. 디파이 세상에선 내가 돈이 많이 없더라도 하나의 은행이 될 수도 있다. 사람들에게 빌려준 돈으로 이자 수입을 거두고 그 돈으로 더 많이 대출을 해줘서 1인 은행 사업을 벌일 수도 있다. 또한, 디파이 시스템은 단순히 이자만 주고받는 시스템이 아니다. 이러한 수익에 더해서 플랫폼의 성장에 대한 수익도 가져갈 수 있다. 즉, 내가 디파이 시스템에서 금융거래를 하고, 디파이 종목을 보유하는 것만으로도 은행을 보유하고, 은행의 성장에 대해 수익도 가져가는, 마치 은행 주식에 투자하는 것과 같은 효과도 누릴 수 있다.

대표적인 디파이 플랫폼인 컴파운드를 예시로 들어보자. 컴파운드는 암호화폐를 대출해주거나 대출받을 수 있는 이더리움 기반 디파이 플랫폼이다. 내가 돈이 여유가 있을 때에는 사람들에게 대출해주고 이자를 받고, 반대로 내가 돈이 필요할 때에는 컴파운드에서 돈을 빌릴 수 있다. 또한, 컴파운드 코인을 많이 갖고 있을수록 더 많은 결정 권한을 갖는다. 컴파운드 시스템 내에서 투표를 통해 이자율을 더 높이거나, 새로운 대출 방식을 추가하는 등 다양한 활동을 통해 플랫폼을 꾸준히 성장시킬 수 있는, 즉 마치 현대의 주주 시스템과도 같은 의사결정 시스템을 갖고 있다.

기존 은행의 주 수입원이 뭘까? 바로 '예대마진'이다. 예금 이자가 3%, 대출 이자가 5%라면, 은행은 남의 돈을 예금 받아서 또 다른 남에게 돈을 빌려주고 그 대가로 2%의 예금과 대출에서 오는 마진을 가져간다. 이게 예대마진의 기본적인 개념이다(실제 은행은 예금보다 훨씬 많은 자금을 대출해줄 수 있다). 우리가 은행 주식에 투자한다고 해서 이런 예대마진까지 가져오지는 못한다.

하지만 컴파운드 코인을 가진 사람들은 컴파운드의 예대마진 수익도 배분받을 수 있다. 즉, 컴파운드 플랫폼이 성장하면 그만큼 컴파운드 코인의 가격도 상승할 것이므로 컴파운드 자산 가치 상승의 수혜도

받고, 여기서 발생하는 수익도 나눠 받을 수 있는 시스템인 것이다. 즉, 내가 은행 시스템 이용자이자 은행이며, 또한 은행의 주인이 되는 것이다. 기존의 금융 시스템과는 차원이 다를 정도로 소비자에게 돌아오는 이익이 많다. 이게 가능한 이유가 바로 탈중앙화 금융 시스템이기 때문이다. 컴파운드라는 금융기관에는 지점도 없고, 창구직원도 없다. 금융기관을 운영하며 발생하는 비용들이 모두 절감된다. 즉, 마치 중간 마진이 없기에 소비자와 투자자에게 돌아오는 이익 또한 클 수밖에 없는 것이다.

단기적으로는 여전히 투기 열풍에 의해서 컴파운드 가격이 움직이지만, 장래에 갈수록 가격 변동성이 안정된다면 장점은 더더욱 부각되고, 단점은 더더욱 보완되는 결과를 가져오게 될 것이다. 이러한 움직임에 위협을 느꼈는지 금융기관들도 하나둘씩 디파이 시스템을 업무에 적용할 수 있도록 시도하는 과정을 거치고 있다. 향후 금융 시스템의 미래는 디파이에 있다고 봐도 무방하다.

# 누구나 알아야 할 암호화폐 투자 기준 총정리

## 객관적 기준이 없기 때문에 더 알아보고 투자해야 한다

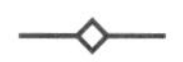

주식의 경우 기업 전체의 가치평가액에서 부채를 차감하면 자기자본이 산출되고, 자기자본을 주식 수로 나누면 대략 주식의 주당 가치를 계산해볼 수 있다. 물론, 이 계산이 쉬운 것은 아니고 재무제표를 읽을 수 있다는 전제하에 속산해볼 수 있다는 이야기이다. 부동산도 마찬가지로 공시지가가 있어서 일정한 요인의 비교치를 대입해 대략적인 가치를 상정해볼 수 있다. 이 과정을 감정평가 용어로 탁상감정평가라고 한다.

그렇다면 가상화폐의 가치는 어떻게 평가할 수 있을까? 가상화폐는 주식이나 부동산처럼 투자의 기준이 명확하지 않기 때문에 좀 더 철저하게 검증된 가상화폐에 투자할 필요가 있다.

전 세계 수많은 가상화폐 중에는 투자 가치가 높고 커뮤니티 관리도 잘 되는 가상화폐가 있는 반면, ICO를 통해 투자자에게 자금을 끌어모은 후 사라지는 경우도 있다. 따라서 가상화폐의 가치가 저평가 혹은 고평가되었는지 확인할 수 있는 객관적인 기준이 있다면, 비교적 안심하고 가상화폐에 투자할 수 있을 것이다.

가상화폐 투자의 기준이 되는 것은 우선 백서이다. 백서에서 설명하고 있는 가상화폐의 기술과 프로젝트의 비전, 개발자 그룹과 자문 그룹의 신뢰도, 법인의 지분 구조 등을 따져보고 투자를 결정한다.

## 거래량과 시가총액

가상화폐 투자를 고려할 때 코린이라면 가장 먼저 코인마켓캡을 기준으로 삼는 것을 추천한다. 코인마켓캡에서 거래량이 많고 시가총액이 큰 블루칩 가상화폐에 투자하는 것이 비교적 안전하다. 비트코인, 이더리움 등의 상위권 가상화폐를 우선적으로 고려하라.

주식시장처럼 코인시장에서도 거래량이 많고 시가총액이 높은 종목이 비교적 가치가 높다고 볼 수 있다. 거래량이 많다는 것은 시장 참가자들의 관심이 높고 가격 상승 가능성도 높다는 의미이기 때문이다. 시가총액이 높을수록 해당 가상화폐로 자금 유입이 많은 것이고, 그만큼 시장에서 해당 가상화폐에 큰 가치를 부여하고 있다는 뜻으로 해석할 수 있다.

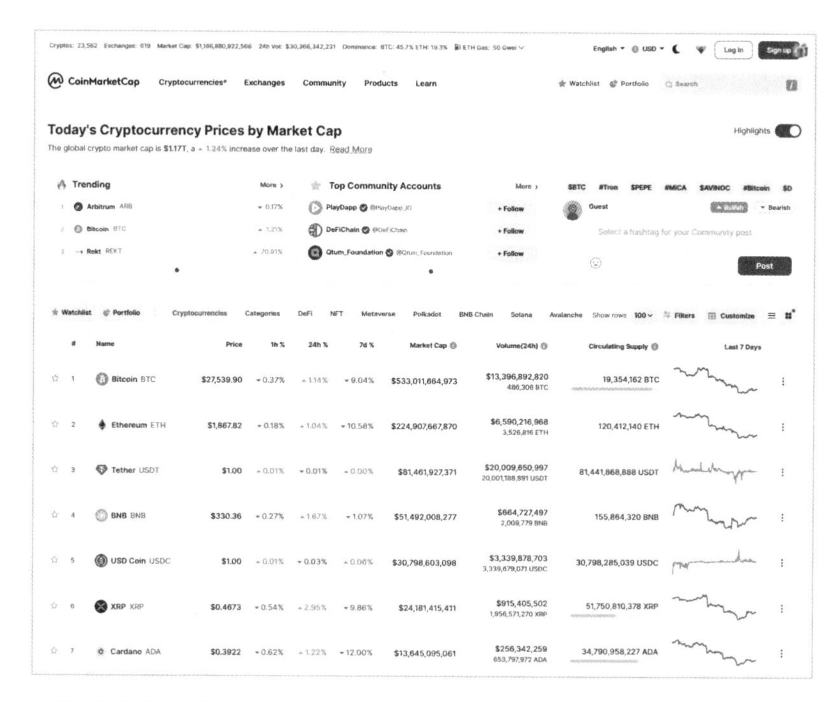


**코인마켓캡 시가총액 상위 가상화폐**

## 와이스 레이팅스의 신용등급

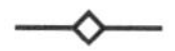

신용평가기관 와이스 레이팅스(Weiss Ratings)는 업계에서 처음으로 가상화폐 거래소에 상장된 가상화폐들의 신용등급을 자체적으로 평가하고 그 결과를 공개하고 있다. 와이스 레이팅스 웹사이트(www.weisscrypto.com)에 접속하면 이를 확인할 수 있다.

와이스 레이팅스 사이트에 접속해 상단의 가상화폐(crypto)를 클릭하면 다양한 투자 지표를 볼 수 있다. 와이즈 50 가상화폐 인덱스(Weiss 50 Crypto Index)를 비롯해 여러 가지 투자 지표가 나온다.

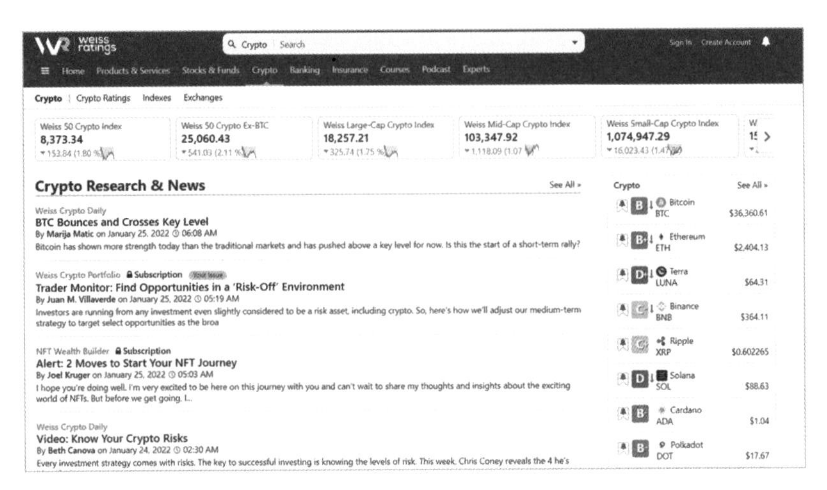


**신용평가기관 와이스 레이팅스**

와이스 레이팅스 신용등급은 각 분야의 전문가를 통해 블록체인 기술, 비즈니스 실현 가능성, 시장성, 투자성, 투자 리스크를 종합 평가해 점수를 매긴 후에 산정된다. 가상화폐 투자를 고려한다면, 이 신용등급이 좋은 기준이 될 것이다.

그림에서 상단의 Crypto Ratings를 클릭하면 코인의 각 항목마다 상위 랭킹을 확인할 수 있으며 이를 기준으로 투자하는 것을 추천한다. 등급 중에서 A는 매우 훌륭하다는 의미이고, B는 그냥 훌륭하다는 의미, C는 보통, D는 취약하다는 의미, E는 매우 취약하다는 의미를 지닌다. 와이스 레이팅스 등급의 D등급부터는 투자에 따른 리스크가 크다는 것을 참고해야 하며, E등급의 경우 투자를 하면 안 되는 가상화폐라고 생각해도 무방할 것으로 보인다.

Top Coins by Rating

| Watch | Overall Rating | Crypto | Type | Technology/ Adoption Grade | Market Performance Grade | Price | 24-Hour Change | 24-Hour Volume | Market Cap | 7-Day Price History |
|---|---|---|---|---|---|---|---|---|---|---|
| | B+↓ | Ethereum (ETH) | Coin | A | D+ | $2,335.63 | 2.12% ▲ | $14.06B | $272.12B | |
| | B | Bitcoin (BTC) | Coin | A- | D | $34,937.54 | 1.86% ▲ | $14.25B | $654.92B | |
| | C+ | Ripple (XRP) | Coin | B- | D | $0.68215600 | 0.13% ▲ | $1.29B | $68.21B | |
| | C+↓ | Cardano (ADA) | Coin | B- | C- | $1.45 | 2.14% ▲ | $785.74M | $46.78B | |
| | C+↓ | Stellar (XLM) | Coin | B | D | $0.26777100 | 1.08% ▲ | $184.31M | $13.39B | |

Click here to see all »

Top Coins by Adoption

| Watch | Overall Rating | Crypto | Type | Technology/ Adoption Grade | Market Performance Grade | Price | 24-Hour Change | 24-Hour Volume | Market Cap | 7-Day Price History |
|---|---|---|---|---|---|---|---|---|---|---|
| | B | Bitcoin (BTC) | Coin | A- | D | $34,937.54 | 1.86% ▲ | $14.25B | $654.92B | |
| | B+↓ | Ethereum (ETH) | Coin | A | D+ | $2,335.63 | 2.12% ▲ | $14.06B | $272.12B | |
| | C+ | Ripple (XRP) | Coin | B- | D | $0.68215600 | 0.13% ▲ | $1.29B | $68.21B | |
| | C↓ | Dogecoin (DOGE) | Coin | B- | E+ | $0.24105900 | -1.44% ▼ | $952.50M | $31.36B | |
| | C+↓ | Stellar (XLM) | Coin | B | D | $0.26777100 | 1.08% ▲ | $184.31M | $13.39B | |

Click here to see all »

Top Coins by Technology

| Watch | Overall Rating | Crypto | Type | Technology/ Adoption Grade | Market Performance Grade | Price | 24-Hour Change | 24-Hour Volume | Market Cap | 7-Day Price History |
|---|---|---|---|---|---|---|---|---|---|---|
| | C+↓ | Cardano (ADA) | Coin | B- | C- | $1.45 | 2.14% ▲ | $785.74M | $46.78B | |
| | C↑ | Polkadot (DOT) | Coin | C | D | $16.02 | 2.95% ▲ | $712.85M | $17.41B | |
| | C | Cosmos (ATOM) | Token>Coin | C | D | $13.57 | 6.43% ▲ | $239.20M | $3.64B | |
| | C+ | Tezos (XTZ) | Coin | B- | D | $2.94 | -0.82% ▼ | $30.48M | $2.48B | |
| | C- | Fantom (FTM) | Token>Coin | C- | D | $0.24862300 | 5.66% ▲ | $25.12M | $631.79M | |

Click here to see all »

**코인 등급 확인하기**

## 코인마켓캡을 활용하라

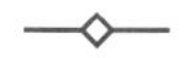

블록체인과 가상화폐는 급격하게 성장하고 있는 새로운 시장이다. 가상화폐 및 거기서 파생되는 상품의 종류도 빠르게 증가하고 있다. 이런 변화는 점점 더 가속화되고 두드러질 것으로 본다. 가상화폐의 발달은 거스를 수 없는 물결인 것 같다.

2021년 6월 29일에 가상화폐의 종류는 10,697개, 가상화폐 거래소는 380개로 확인되었다. 2020년 초까지만 해도 가상화폐가 총 5,000종이 안 되었는데, 1년 만에 2배나 증가한 것이다. 개발자들은 새로운

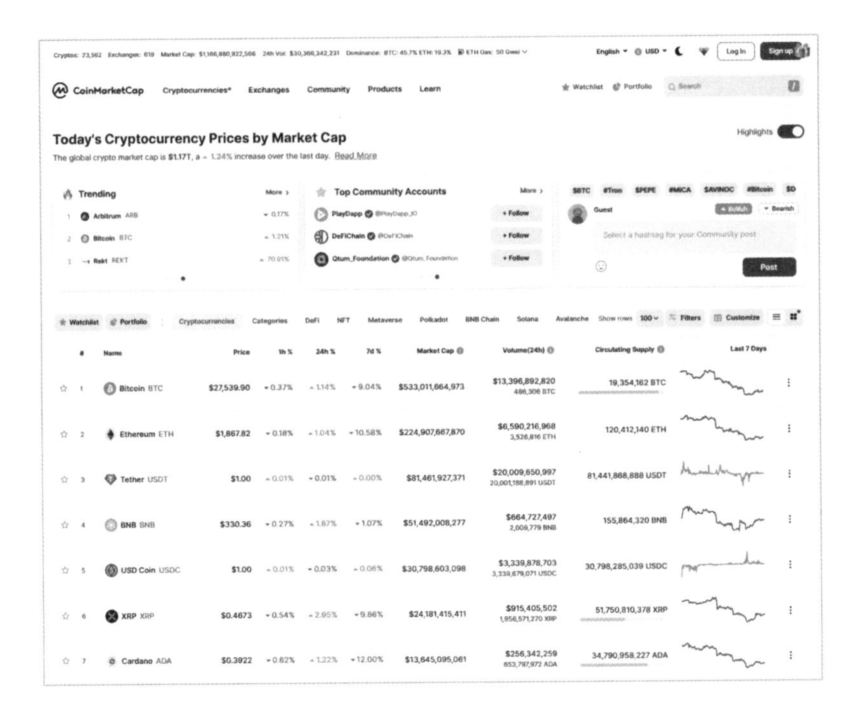


**코인마켓캡 초기 화면**

기능을 가진 가상화폐를 지속적으로 개발하고 있고 하루에도 몇 개의 새로운 코인이 시장에 등장한다. 그중에는 성장성이 우수한 좋은 코인도 있지만, 아무도 관심을 가지지 않는 블랙 코인도 있는 게 현실이다. 좋은 코인을 가려낼 줄 아는 눈이 더욱 필요해진 이유이다.

코인의 다양한 종류와 각 코인에 대한 정보를 일목요연하게 알아보는 방법을 알아보자. 여러 방법이 있겠지만, 코인마켓캡 사이트(www.coinmarketcap.com)를 추천한다.

## 시장의 1등에 주목하라

이처럼 다양한 코인 종목이 있는데 어디에 투자해야 할까? 좋은 종목을 발굴하는 방법은 뒤에서 자세히 이야기하겠지만, 여기서는 일반적인 방법으로 시장의 1등에 투자하는 것도 좋은 방법임을 말하고 싶다. 이는 주식 투자와 같은 원리다.

시장의 1등은 항상 주목을 받게 되어 있다. 거의 모든 업종에서 동일한 현상이다. 책도 베스트셀러에 오른 책이 더 많이 팔리고, 1등 맛집이라고 소문난 식당에 긴 줄을 선다. 주식도 시가총액 1위인 삼성전자가 독보적인 관심을 차지한다. 코인시장의 1등은 단연 비트코인이다. 1등 비트코인의 현재 가격은 2022년 2월 10일 기준 1BTC당 미화 43,829.97달러이다. 같은 날 2등인 이더리움 1ETH 현재 가격이 3,184.84달러이니 1위와 2위의 가격 차이만도 엄청나다. 시가총액도 같은 날 기준, 비트코인은 8조 310억 달러 이상이고, 이더리움은 3조 800억 달러가량으로 역시 큰 차이를 보이고 있다.

이처럼 비트코인이 압도적인 1등을 차지하는 이유는 뭘까? 여러 요인이 있겠지만, 비트코인은 가상화폐 시장에 최초로 나타난 코인으로 기축통화 역할을 하고 있고, 그로 인한 상징성과 높은 브랜드 가치 때문으로 보인다. '커피' 하면 스타벅스, '빵집' 하면 파리바게트, '김밥' 하면 김밥천국을 떠올리는 것처럼, '코인' 하면 많은 사람이 비트코인을 떠올린다. 이더리움(ETH), 리플(XRP), 비트코인캐시(BCH) 등 여러 대형 화폐를 다 합쳐도 비트코인 가격이나 시가총액을 따라잡기 어려울 정도이다.

## 코인의 기능도 가치의 한 축이다

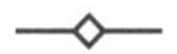

왜 이렇게 코인이 많은 걸까? 가상화폐로서의 기능 외에 코인마다 기능이 다른 것일까? 답부터 말하자면 "그렇다." 코인별 용도가 다른데 여기서는 주요 코인만 소개하고자 한다. 코인별 용도 및 기능 등 자세한 정보는 해당 코인의 홈페이지나 인터넷에 공개된 백서에 나온다.

비트코인 다음으로 많이 알려진 이더리움은 우수한 기능성과 실용성 덕분에 많은 인기를 끌고 있다. 이더리움의 기능을 한마디로 정리하면, 블록체인 기술을 기반으로 스마트 컨트랙트 기능을 구현하기 위한 분산 컴퓨팅 플랫폼이자 운영체제라고 할 수 있다. 스마트 컨트랙트에 대해서는 뒤에서 자세히 설명하겠다. 이더리움이 제공하는 가상화폐는 이더(ETH)로 표시하며 비트코인 외에 시가총액이 가장 높은 대표적인 알트코인이다. 알트코인이란 비트코인 이후 등장한 후발 가상

| | |
|---|---|
| 비트코인(BTC) | 탈중앙화의 선봉에 서 있는 코인. 채굴 가능한 비트코인 개수는 고정되어 있음. 공급의 고정성으로 인한 가격 상승이 큰 코인에 해당함. 채굴자에게 공평한 기회를 제공함. |
| 이더리움(ETH) | 블록체인의 기초가 되는 앱 개발을 지원하는 플랫폼이자 그곳에서 사용되는 가상화폐. 실용성이 높은 코인에 해당함. |
| 비트코인캐시(BCH) | 비트코인 블록체인에서 분리되어 나온 가상화폐. 블록 크기를 증대하고자 비트코인과 별개의 블록체인으로 운영됨. |
| 라이트코인(LTC) | 비트코인을 금에 비유하면 라이트코인은 은에 비유됨. 비트코인에 기초해 만들어진 코인이라고 할 수 있음. |
| 리플(XRP) | 기업용 송금 네트워크 결제 플랫폼. 은행 간 이체 서비스에 활용됨. 국제 경제 시스템 망(SWIFT)을 대체할 새로운 수단이 될 수 있음. |

주요 코인의 기능 및 용도

화폐를 일컫는 편의상의 용어이다.

그다음으로 유명한 리플(XRP)이라는 가상화폐는 은행에 특화된 코인이다. 리플은 블록체인 기술을 사용한 국제 지불 수단으로 전 세계 여러 은행이 실시간으로 자금을 송금할 때 사용할 수 있는 프로토콜 겸 가상화폐이다. 현재 100여 개의 은행에 달러, 엔화, 유로 등을 빠르고 저렴하게 송금할 수 있는 소프트웨어를 제공하며, 가상화폐 결제 시간은 4초에 불과해 2분 이상인 이더리움과 1시간이 넘는 비트코인에 대해 경쟁 우위를 가지고 있다.

외환거래 시 국제은행 간 통신협회를 이용하는 기존 체제는 느리고 오류도 많으며 수수료도 비싼데, 리플은 이를 해결해줄 수 있다는 측면에서 획기적인 코인이다. 리플코인이라고도 부르며 타원형 디지털 서명 알고리즘을 사용한다. 다만, 리플은 채굴이 없이 합의에 의해 운영되는, 중앙집중화된 고정된 가상화폐라고 볼 수 있다.

‖ 곽상빈 회계사가 알려주는 Tip ‖

# 코인 정보 찾는 방법

### ❖ 이더스캔 활용법

기본 정보 외에 추가 정보는 코인마켓캡(Coinmarketcap) 사이트에서 얻을 수 있다. 이더스캔 사이트에서 정보를 얻는 것도 추천할 만하다. 구체적인 방법을 설명하면 이와 같다. 이더스캔 사이트(https://etherscan.io/)에 접속하면 다음 페이지와 같은 화면이 뜬다.

이더스캔 초기 화면 상단에 주요 지표들이 나오는데 각각의 의미는 다음과 같다.

- ETHER PRICE: 실시간으로 업데이트되는 이더리움 가격
- TRANSACTIONS: 이더리움의 거래량(5분마다 업데이트, 초당 거래량도 나옴)
- MARKET CAP: 이더리움 시가총액. 전 세계에 유통되는 이더리움을 오늘 가격으로 곱한 것

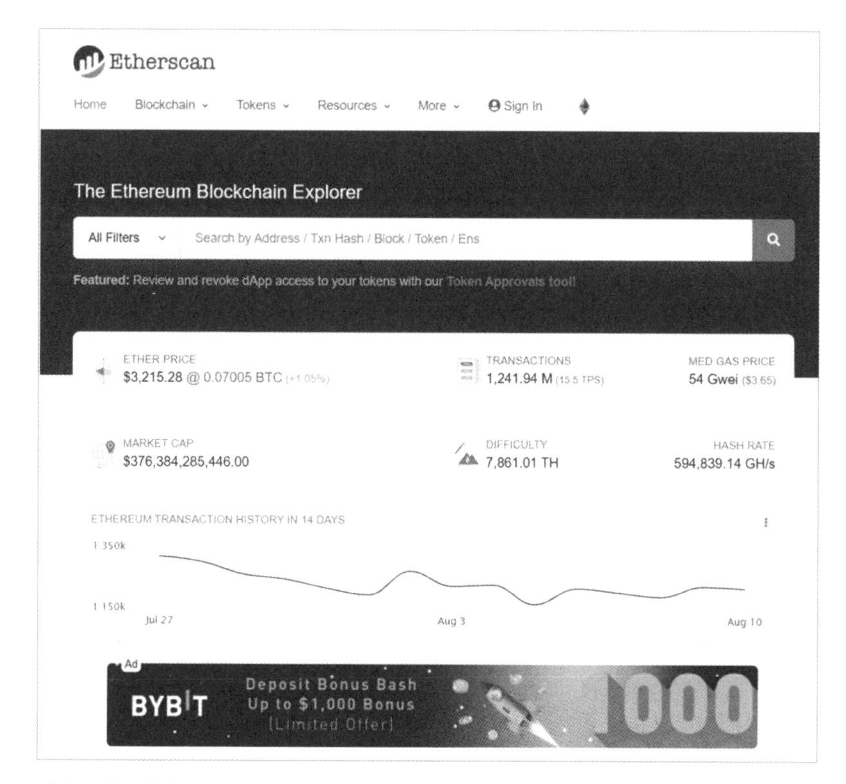

이더스캔 초기 화면

- DIFFICULTY: 채굴의 난이도를 수치화한 것
- HASH RATE: 채굴자가 필요로 하는 컴퓨팅 파워

다음으로 이더스캔 초기 화면의 상단에 있는 'Ethereum Blockchain Explorer'를 활용해보자. 이 창에 ETH 주소를 입력하거나, 코인 전송 후 나타나는 트랜잭션 해시값이나 블록의 숫자, 혹은 이더리움 관련 토큰이나 ENS(Ethereum Name Service: 이더리움 네임서비스를 설정해야 가능) 등을 입력하고 검색하면 관련 이더리움 블록의 정보를 확인할 수 있다.

예를 들어, Tether USD라는 코인을 입력하고 돋보기 버튼을 클릭하면 아래 그림과 같은 정보가 뜬다. 개요(Overview)가 나오는데 코인의 가격, 최대 공급량, 보유자, 거래량, 웹사이트, 계약, SNS 등 다양한 정보가 있다.
이보다 좀 더 손쉽게 다양한 정보를 찾아보려면 텔레그램, 트위터, 미디엄, 레딧, 디스코드 등 프로젝트 혹은 재단의 최신 뉴스를 소개해주는 블록체인 업계의 커뮤니티를 이용할 수 있다.

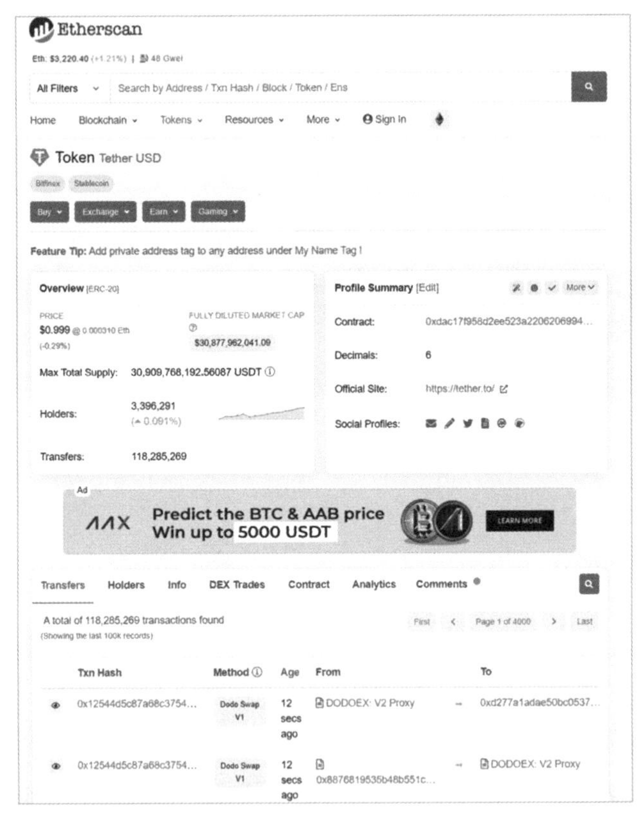

이더리움 블록 정보

### ❖ 쟁글 공시 서비스

각 거래소의 공시 자료를 한꺼번에 조회할 수 있는 쟁글(xangle.io)도 매우 유익한 정보 채널이다. 거래소 공시는 공식적인 정보이므로, 실제로 코인 가격에 많은 영향을 미친다.

최근 공시에서 주목받고 있는 것으로 NFT(Non Fungible Token, 대체 불가능한 토큰), DID(Decentralized Identifiers, 분산 식별자), 디파이(DeFi: Decentralized Finance, 탈중앙화 금융), 코인 소각(Coin Burning), 토큰 스왑(Token Swap) 등이 있다.

NFT는 소유권을 블록체인상에 등록해 고유값을 가진 토큰으로 발행되므로 대체가 불가능하다. 그래서 진위 여부, 소유권 입증 여부가 중요한 미술품 등 예술 작품, 게임 아이템 등도 NFT로 응용되고 있는 것이다.

DID는 탈중앙화 신원 증명 혹은 분산 식별자라고 일컫는데, 마이데이터(My Data)를 현실화해주는 기술을 뜻하며 사용자가 플랫폼에서 자신의 주권을 스스로 관리할 수 있게 한다. 마이데이터란, 자신의 신용 정보나 금융거래 정보 등을 정보 주체인 개인이 적극적이고 주체적으로 관리하는 시스템을 의미한다. 이를 응용한 코인도 최근 각광을 받고 있으니 검색해보기 바란다.

디파이(DeFi)란, 탈중앙화 금융을 뜻한다. 가상화폐를 매매할 수 있는 거래소들은 대부분 중앙화된 반면, 디파이는 탈중앙화된 거래소, 즉 덱스(DEX)를 기반으로 매매가 이루어진다. 중앙화 금융에 비해 디파이는 보안이 확실하다는 장점이 있는데, 절감한 보안 비용을 참여자들에게 돌려주는 선순환 구조를 가진 투자다.

코인 소각(Coin Burning)은 코인의 발행량을 조절하기 위해 일정 물량을 없애는 것을 뜻한다. 코인 소각은 코인 물량을 없애 코인 가격에 영향을 주는 공시를 말한다.

리서치
애널리틱스
인사이트
시장동향
솔루션
Live Watch
한국어
로그인
588.10
955.67
381.86
278.03
리서치
[Weekly Xangle] 라인링크 핀시아 리브랜딩, 소시에테 제네...
NFT 성공 및 가격 유지 요인
NFT
전체
[Weekly Xangle] 라인링크 핀시아 리브랜딩, 소시에테 ...
NFT 성공 및 가격 유지 요인
Stacks Thesis by NRD (국문 번역본)
라인링크의 핀시아 기여보상 정책 리뷰
[쟁글 아카데미] 코인과 토큰 개념 이해
Joke DAO, 거버넌스의 새로운 가능성
Web3 세상을 여행하는 코인러들 위한 안내서 4. 대출 프...
[NFT Weekly] Beanz X IPX 파트너십, Pixelmon 컴...
STO 시리즈 : 국내 토큰 증권 시장이 나아가야 할 길
앞서나가고 있는 아비트럼, 그러나 본격적인 승부는 내년...
[Weekly Xangle] 이더리움 샤펠라 업그레이드, 지닥 위...
비트코인에 대해
애널리틱스
아비트럼 원: 활성 주소 수
600K
480K
360K
240K
120K
0
2021/07
2022/01
2022/07
2023/01
차트 설명
아비트럼 원: TVL
아비트럼 원: 스마트 컨트랙트 생성 수
위믹스: 활성 주소 수
위믹스: 신규 주소 수
옵티미즘: 스마트 컨트랙트 생성 수
자산시세
팔로잉
거래량순
비트코인
₩36,710,633.66
₩2,400.654억
폴리매쉬
₩296.33
₩2,053.467억
리플
₩621.77
₩1,905.513억
솔라
₩784.00
₩1,680.358억
밀크
₩535.22
₩1,331.240억
질리카
₩44.20
₩1,085.363억
하이파이
₩602.33
₩994.609억
아비트럼
₩1,916.68
₩832.199억
아이콘
₩400.04
₩482.694억
이더리움
₩2,488,685.20
₩482.603억
아이큐
₩8.25
₩468.170억

공시
9,245,676 Adappter Token 토큰 소각
팀 보유 토큰 이동: 1,498 WEMIX ($2,078)
로드맵 발간 (2023)
IR 자료 (2022)
토큰 락업 해제 일정 (2023년 01월 01일 - 2023년 12월 31일)
IR 자료 (Q1 2023)
팀 보유 토큰 이동: 7,999,978 ROA ($18,240,000)
로드맵 발간 (2023)
7,000,000 PIB 토큰 소각
팀 보유 토큰 이동: 70,000,000 KTT ($292,263)
크립토 평가
등급순
비트다오 BBB
연파이낸스 A-
오케이비 BBB
앱토스 BBB
엘리시아 BB
커브 A
폴카닷 A
에어블록 BB-
보바토큰 BB
솔라나 A
폴리곤 AA-
바이낸스코인 A
스케일 네트워크 BBB
피블 BB-
이더리움 AA
슈퍼워크 BB-

쟁글 공시 서비스

Part 5.

# 경제 위기, 누구나 쉽게 예측할 수 있다

1

# 금리, 경제의 시작과 끝

금리는 쉽게 말해서 돈의 값어치다. 금리가 비싸다는 건, 내가 돈을 빌릴 때 비싼 대가(이자)를 치러야 한다는 얘기고, 반대로 내가 돈을 빌려줄 때 또한 비싼 대가를 받을 수 있다는 의미다. 즉, 금리가 높다는 건 현금의 시세가 비싸다는 것이고, 금리가 낮다는 건 현금의 시세가 싸다는 걸 의미한다. 그래서 보통 금리가 낮은 저금리 시대에는 주식, 부동산, 암호화폐, 원자재 등 다양한 자산의 가격들이 잘 오르곤 한다. 금리가 낮으니 현금의 가치는 낮은 상황이며 싼값에 돈을 빌려서 투자하기가 좋은 환경이기 때문이다.

반대로 금리가 높은 고금리 상태라면 어떨까. 안전하게 은행만 가도 연에 이자 5%를 주는데 굳이 연 3~5% 배당을 주는 주식을 살 필요가 있을까? 리스크와 수익률을 비교해보면, 전 세계 자산시장의 돈들은 이런 시기에는 주식이 아니라 채권이나 MMF 등 안전자산으로 돈이 향하게 된다. 전혀 어렵게 생각할 것이 없다. 그래서 금리는 결국 자산시장의 트렌드와 유행을 알 수 있는 척도이고, 금리가 앞으로 어떻게 움직일지는 투자를 하는 사람이라면 당연히 기본적으로 알아야 할 상식이다. 자, 그런데 우리가 여기서 꼭 알고 가야 할 것 중 하나가 바로 '장단기금리차'이다.

예를 들어서 상상해보자. 갑자기 어느 날 친구 A, B가 전화가 와서 급하게 돈을 빌려달라고 연락이 왔는데 둘 다 1,000만 원을 빌려달라고 한다. 그런데 여기서 문제는 A는 하루만 빌려달라고 하고, B는 무려 3년 동안 빌려달라고 한다. A, B에게 모두 이자를 받아야 된다면, 누구에게 더 많이 받을 수 있을까?

당연히 상식적인 선에서 생각하면 B에게 이자를 더 많이 받아야 할 것이다. A에게는 하루 빌려주는 건데 이자 받기도 뭐 하지만 B는 무려 3년을 빌리는 상황이다. 이 친구가 중간에 돈을 못 갚을 위험도 있고, 나도 3년이라는 기간 동안 1,000만 원이라는 돈을 쓸 수 있는 능력을 포기하는 것과 같기 때문이다. 1,000만 원으로 주식이나 코인에 투자해서 돈을 벌 수도 있고, 내 사업에 돈을 넣을 수도 있는데 그런 기회비용을 포기하는 것이다.

하지만 금융시장에서는 때로 A가 더 이자율을 많이 받는 일이 생긴다. 이걸 '장단기금리차 역전'이라고 표현한다. 금리가 인상되기 시작하면 어느 시점부터는 단기금리가 장기금리에 비해서 더 비싸지는 순간이 온다. 그리고 이런 순간이 오면 항상 경제는 침체에 빠지고, 자산가격들은 하락하곤 한다. 실제 미국을 기준으로 1960년 이후 발생한 모든 경기 침체에는 앞서서 장단기금리차가 역전된 바 있다. 즉, 장단기금리차는 시장의 붕괴를 알리는 경보기와도 같다.

그럼 이런 금리는 도대체 누가 정하는 것일까? 바로 미국 연준(연방준비은행)이다. 미국 중앙은행인 연준은 전 세계의 실질적인 기준이 되는 '기준금리'를 결정하게 된다. 경제가 과열돼서 너무 뜨거운 것 같으면 금리를 높여서 경제를 진정시키고, 경제 상황이 너무 안 좋거나 침체되어 있다면, 내지는 침체가 될 것으로 예상이 되면 선제적으로 금리를 낮추게 된다. 결국, 기준금리가 어떻게 움직이냐에 따라서 현재 경제 상황이 좋은지, 안 좋은지 어느 정도 감을 잡을 수 있는 것이다. 금리는 경제라는 자동차를 운전하는 연준이 밟는 엑셀과 브레이크와도 같다. 속도가 너무 빠르다 싶을 때(경제 과열)에는 금리 인상이라는 브레이크를 밟고, 속도가 너무 느리거나 오히려 차가 역주행을 한다 싶을

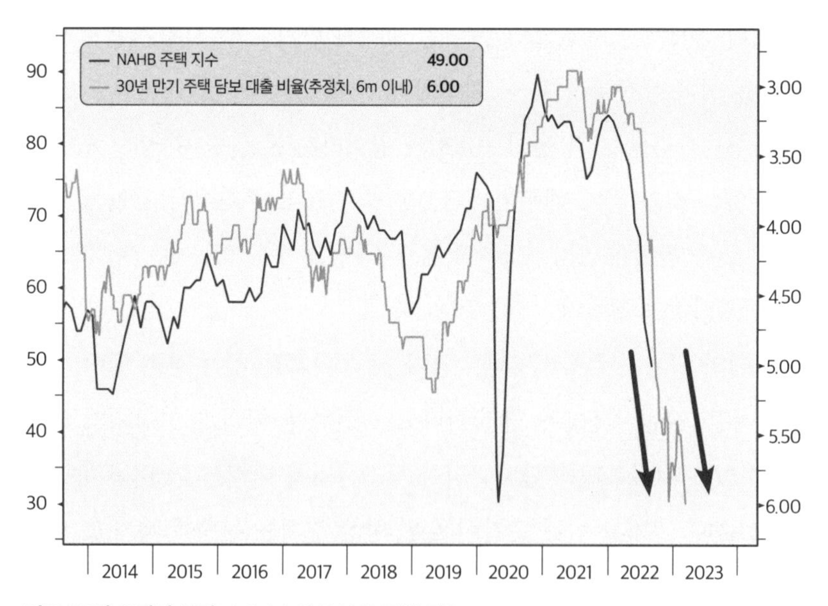


**미국 30년 모기지 금리(상하반전)와 NAHB 주택 지수**

출처: Bloomberg

때(경제 침체)에는 금리 인하라는 엑셀을 밟는다.

이 금리 하나만으로 경제를 예측하는 모델을 무궁무진하게 만들어 낼 수 있다. 노하우 하나를 공개하자면 '미국 모기지 금리'다. 모기지는 주택담보대출을 의미하는 말로, 미국의 모기지 금리에 따라서 자산가격의 전망을 파악할 수 있다.

블룸버그와 IA Investment Management 등의 자료에 따르면, 미국 30년 모기지 금리는 NAHB 주택지수에 선행한다. 그리고 NAHB 주택지수는 결국 부동산 가격의 방향성과 같은 방향으로 움직인다. 30년 모기지 금리가 NAHB 주택지수를 대략 6~9개월 정도 선행하는데, 이 말은 바꿔 말하면 미국 모기지 금리를 실시간으로 지켜보면 결국 미국 부동산 주택 가격의 전망도 알 수 있다는 의미가 된다. 미국 부동산 가격과 전 세계 부동산 가격은 대체로 함께 움직이는 모습을 보이기 때문에 결국 한국 부동산의 가격 전망 예측에도 활용할 수 있다.

보통 모기지 금리가 오르기 시작하면 일정 시차를 두고 부동산 가격이 하락 압력을 받기 시작하며, 모기지 금리가 급격히 오르면 부동산 가격도 급격히 하락할 수 있는 위험에 노출된다. 대체 모기지 금리와 부동산 가격은 무슨 관계가 있는 것일까?

부동산은 비싸다. 그래서 웬만하면 다들 대출을 끼고 사게 된다. 부동산을 구매하는 절대 다수의 사람, 기업들은 적든 많든 대출을 받아 사게 되는데, 모기지 금리는 결국 기준금리에 의해서 움직인다. 경기가 과열이라서 기준금리를 올리고, 모기지 금리도 따라서 올라갈 정도가 되면 집값이 굉장히 비싼 지경에 이르게 된다.

일례로 이투데이의 기사에 따르면 2021년 중국의 아파트 가격은 평균 연봉 대비 무려 57배 수준에 이르렀다. 그 이후 부동산 가격은 계속 폭락해왔다. 평균 연봉을 받는 사람이 57년을 벌어야 아파트를 한 채 살 수 있는 시대가 과연 정상일까? 이렇게 경제가 과열되면 집값이 가파르게 올라간다. 그 상황에 금리가 높아져 부동산 사려는데 이자까지 비싸지면? 부동산 살 엄두가 안 나서 부동산 구매를 피하게 된다. 그럼 자연스럽게 부동산 거래량은 급감하게 되고, 부동산 수요자가 없으니 가격은 하락하게 되는 셈이다.

또, 모기지 금리는 주식시장과도 연관이 깊다. 모기지 금리는 PMI라는 경제지표를 대략 1년 7개월가량 선행하는데, 쉽게 말하면 모기지 금리가 급격히 오르기 시작하면 1년 반 내외의 시간을 두고 PMI도 급격히 떨어지게 된다. PMI는 뒤에서도 설명할 지표이지만 결국 주가와 동행하는 지표다. PMI가 하락추세라는 건 경제와 주가도 하락하고 있다는 의미이고, PMI가 바닥에 도달하고 상승한다는 건, 주가도 상승할 가능성이 매우 높다는 것이다. 즉, 정리해 보자면 미국 30년 모기지 금

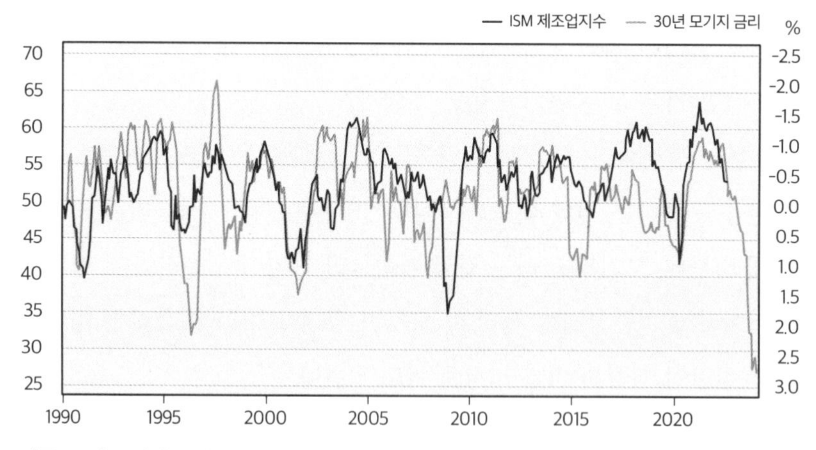


**미국 30년 모기지 금리**(상하반전)**와 PMI**

출처: UnderOrion.se

리는 주가 전망을 1년 6개월 정도 앞서서 알려준다고 할 수 있다. 이렇게 모기지 금리라는 지표 하나만으로도 주식시장과 부동산시장의 미래 전망을 대략적으로 알 수 있는 것이다.

많은 사람은 내가 산 주식이나 부동산이 오를지 떨어질지 굉장히 궁금해한다. 그리고 모기지 금리는 자산시장의 전망을 파악할 수 있는 수많은 방법 중 하나다. 이로써 여러분들은 시장을 예측할 수 있는 한 가지 무기를 갖게 된 것이다. 단, 모기지 금리뿐 아니라 앞으로 소개할 전반적인 모든 예측 방법들은 1)과거가 미래를 무조건 보장하지 않고 2)트렌드의 변화에 따라 적용되지 않을 수 있으며 3)전체 시장의 트렌드를 알려줄 뿐, 개별 종목의 전망까지 세세하게 알려주진 않는다는 보완점이 있다. 즉, 만능은 아니며 그 어디에도 100% 완벽한 전략의 방법은 없다. 다양한 방법을 통해 상호보완해 가면서 확률을 높이는 것이다.

그럼에도 결국 개별 주식이나 개별 부동산들은 전반적으로 큰 대세의 흐름을 탄다. 전반적으로 하락기면 오르는 주식이 간혹 있더라도 대부분 다 떨어지고, 전반적으로 상승기면 떨어지는 부동산이 간혹 있더라도 대체로 다 오른다. 그래서 모기지 금리를 기반으로 시장 전망을 분석하는 방법은 충분히 투자에 활용할 수 있는 유익한 가치가 있다. 쉽게 말해 큰 그림을 보기에는 딱 좋다. 참고로 미국 모기지 금리는 모기지뉴스데일리(www.mortgagenewsdaily.com)에서 조회할 수 있다.

# 버핏지수, 버블을 판단하는 훌륭한 지표

필자는 2021년 9월부터 유튜브를 통해 경제 침체를 경고하기 시작했다. 그 이후 대략 6개월이 지나서야 슬슬 국내 경제 전문가들이 경제 침체를 언급하기 시작했고, 1년이 지나서야 대부분의 경제 전문가 및 주식, 부동산 등 각 금융시장의 전문가들이 경제 침체를 언급했다.

그럼 그들과 필자의 차이는 무엇이었을까? 아마 가진 무기의 차이였다고 볼 수 있겠다. 필자는 경제와 자산 가격을 예측하는 수백여 개의 모델을 갖고 있다. 그 모델 중 초보자도 쉽게 판단할 수 있는 모델들이 있다. 그중 대표적인 것이 바로 '버핏지수'다.

버핏지수는 오마하의 현인이자 버크셔 헤서웨이의 회장, 주식 투자의 전설로 불리는 워런 버핏이 좋아한다고 해서 버핏지수로 불린다. 버핏지수는 꽤 유명한 지표이기도 한데, 국내총생산(GDP) 대비 주식시장 시가총액의 비율을 의미한다. 쉽게 풀어서 설명하자면, 주식시장과 경제의 크기를 돈으로 환산해봤을 때 어느 정도 차이가 나느냐를 비교한 지표라고 할 수 있겠다. 만약 경제의 크기가 100인데, 주식시장의 크기가 100이라면, 이 상황은 버블일까, 아닐까? 결론적으로는 버블이 맞다. 경제라는 요소에 주식시장뿐 아니라 다양한 요소들이 포함되어 경제라는 것이 완성되게 되는데, 주식시장과 경제가 같은 규모라면 당연히 버블이라고 볼 수 있다.

그럼 미국 경제의 크기가 100인데, 만약 주식시장의 크기가 200이라면 어떨까? 이것은 그야말로 엄청난 버블이 아닐 수 없다. 어떻게 미국 경제 크기가 100인데 주식시장 크기가 200이 될 수 있을까? 말로만 들어선 불가능한 일처럼 들린다. 하지만 이는 2021년에 실제로 도달했던 수치다.

**버핏지수**
출처: GuruFocus

버핏지수는 집계 방식에 따라 다소 결과치가 다르긴 하지만, 대체적으로는 비슷하게 나온다. 미국의 구루 포커스에서 버핏지수를 보면, 2021년 8월경 버핏지수는 199.5포인트까지 상승하게 된다. 그 이후 고점에 도달하고 하락하기 시작하면서 전반적인 자산시장도 점점 하락세의 길을 걷게 된다.

버핏지수가 가진 큰 장점은 바로 주식시장뿐 아니라 전반적인 경제 상황 또한 알 수 있다는 것이다. 보통 주식시장은 경제를 6~9개월가량 선행한다. 즉, 경제가 나빠질 것 같으면 미리 떨어지기 시작하고, 경제가 좋아질 것 같으면 그전에 미리 오르기 시작한다. 그리고 주식시장의 버블이 심하다는 건, 경제 자체가 과열이라는 신호와도 같고, 누구나 빚을 쉽게 내어 투자할 수 있는, 즉 경제가 위험한 상황이라는 얘기도 될 수 있다. 이렇게 버핏지수 하나만으로도 다양한 예측을 해볼 수 있다. 만약 버핏지수가 지나치게 상승해서 200% 수준까지 도달했다면, 그만큼 하락의 낙폭도 클 수 있으며 시장 자체에 버블이 심각한 상태라고 볼 수 있다.

버블 없는 폭락은 없고, 버블 없는 경제 침체는 없다. 모든 경제 침체와 폭락은 버블을 항상 사전에 동반한다. 많이 올랐으니 그만큼 많이 떨어지는 것이다. 특히 주식시장에 버블이 있다는 건, 보통 부동산이나 암호화폐 등 다른 자산에도 버블이 낀 경우가 많기 때문에 전반적인 자산시장의 동향을 체크해보는 데에도 도움이 된다. 버핏지수는 구루 포커스에서 확인할 수 있다.

# PMI, 경제와 주식시장의 나침반

전 세계 국가들은 매월 다양한 경제지표를 발표한다. 그럼 이 중에서 우리가 투자하는 데에 가장 중요도가 높은 지표 또한 있을 것이다. 물가와 고용이 정말 중요하지만, 사실 의외로 중요도가 높은 것 중 하나가 바로 제조업 PMI다.

제조업 PMI(Purchasing Manager Index)는 구매 담당 관리자들에게 경제 전망에 대한 다양한 질문을 하고, 그 질문들을 잘 정리해서 긍정인지 부정인지를 수치상으로 나타내는 지표다. 쉽게 얘기하면 제품 만드는 데 필요한 자재를 구매하는 부서의 관리자에게 미래 전망을 물어보는 설문조사와도 같다. 보통 현업에서는 ISM(Institute for Supply Management)의 PMI를 많이 활용하는데, ISM 20개 업종, 400개 이상의 회사에 매달 설문조사를 진행한다.

PMI는 0에서 100까지 나뉘는데, 50포인트가 넘어가면 경제가 호황, 50포인트 밑으로 떨어지면 경기가 불황일 가능성이 높아지는 것이다. 이 지표 또한 당연히 전 세계의 최대 강국이자 기축통화 국가인 미국의 PMI를 보는 것이 중요하다. 코로나 쇼크 당시 PMI는 36포인트 수준까지 하락했었고, 최근 경제가 가장 뜨거웠을 때인 2021년 8월경에는 63포인트까지 상승하기도 했다.

이 지표가 중요한 이유는, 주가와 대체적으로 동행하기 때문이다. 즉, PMI가 높아지는 때에는 주가도 잘 오르고, PMI가 낮아지는 추세로 가기 시작하면 주가도 고점을 찍고 내려오고는 한다. 그렇다면 우리는 PMI가 높을 때 투자해야 할까, 아니면 낮을 때 투자해야 할까?

정답은 낮을 때 투자하는 게 좋다. 정답은 없지만, 위험 대비 수익률을 생각해보면 비교적 낮을 때가 주가도 전반적으로 저렴할 때가 많다. 당연히 원자재나 부동산 등도 대체적으로 주가와 흐름을 같이 하기 때문에 PMI로 어느 정도 경기를 파악하거나 내 사업의 판단에 참고하는 데 도움이 될 수 있다. 즉, PMI는 경제와 주식시장의 나침반이다. PMI는 제조업뿐만 아니라 비제조업 PMI 등도 존재하는데, 역시 전 세계 경제에서 가장 큰 비중을 차지하는 업종 중 하나가 바로 제조업이고, 주가를 결정짓는 핵심 요소이기에 제조업 PMI를 중점적으로 보면 좋다.

여기서 꿀팁을 몇 가지 공개하려고 한다. 이 PMI를 가장 투자에 잘 활용할 수 있는 방법이 무엇일까? 바로 'PMI 베타가 높은 종목을 공략하는 것'이다. 베타는 베타계수 또는 베타값을 의미하는데, 해당 종목이 증시의 움직임에 얼마나 민감하게 반응해서 움직이는지를 나타낸다. 예를 들면, 코스피가 1% 오를 때 삼성전자가 2% 오르고, 카카오가

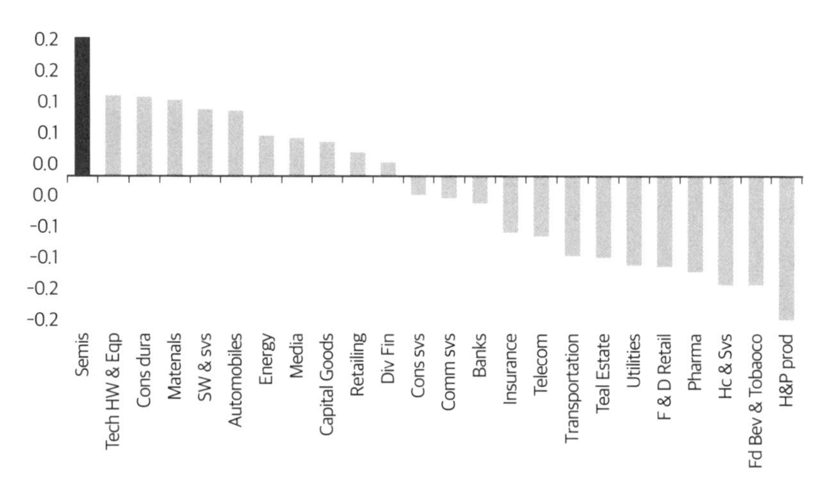


**20년간 ISM과 산업군별 수익률의 상관관계**

출처: Refinitiv, Credit Suisse research

5% 오른다면 삼성전자는 카카오에 비해 베타값이 낮다고 볼 수 있다. 그럼 만약 PMI의 움직임에 따라서 민감하게 움직이는, 즉 베타값이 높은 종목이 무엇인지 안다면? PMI가 낮아질 때는 투자를 피하고, 충분히 어느 정도 낮아졌을 때 분할해서 매수하면 수익을 극대화할 수 있다는 결론이 나온다.

Refinitiv와 Credit Suisse research에 따르면 PMI 베타값이 가장 높은 섹터는 바로 반도체다. 그다음으로 기술 분야의 하드웨어 및 장비, 내구재, 원자재 등이 있다. PMI의 상황에 맞춰서 공략하기에 좋은 산업군일 가능성이 높은 분야다. 이 데이터는 실제로 일리가 있는 게, 경제가 활성화될수록 가장 이익이 많이 나올 수 있는 산업군이기도 하다. 반도체는 우리가 눈으로 볼 수 있는 모든 전자기기에 들어간다. 당연히 사람들이 먹고살기 좋으면 전자기기도 더 비싸고 좋은 걸로 구매하게 된다. 경제가 좋아지면 당연히 기술 분야의 부품, 장비도 많이 팔릴 것이다.

또한 경제가 좋아져 살림살이가 넉넉해지니 사람들이 TV, 냉장고, 세탁기 등을 더 많이, 더 비싼 것을 살테니 당연히 내구재 산업도 좋고, 우리 눈에 보이는 모든 제품을 만드는 데 필요한 게 바로 원자재이니 당연히 원자재 산업도 호황일 수밖에 없다. 보통 PMI가 50포인트 밑으로 가면 낮은 축에 속하고, PMI가 55포인트를 넘어가면 꽤 높은 축에 속하므로 적절히 투자에 잘 활용하면 투자수익률을 극대화하는 데에 도움이 될 것이다.

가령 예를 들면, PMI가 50포인트 밑으로 꺾였을 때는 반도체, 기술 분야 하드웨어 및 장비, 내구재, 원자재 주식들 중 매력도가 높은 종목들이나 대장주의 비중을 높이고, 50포인트를 넘어서기 시작해 점점 PMI가 오르게 되면 수익을 극대화하기 위해 천천히 분할해서 해당 종목들을 처분해 나가는 방식이다.

요즘엔 세상이 좋아서 '한국 반도체 관련주', '미국 내구재 대장주' 등등 검색을 잘하면 얼마든지 금방 쉽게 알 수 있다. 에임리치 사이트, 유튜브 등에서도 이와 관련한 시장 분석과 종목 정보들을 무료로 제공하고 있으니 참고하도록 하자.

PMI를 활용할 수 있는 또 다른 비결 중 하나는 바로 신규 주문-재고다. PMI에는 수출, 고용, 신규 주문 등 다양한 세부 데이터가 존재한다. 이 중에서 신규 주문-재고를 제외한 값이 옆 자료에 연보라색 선으로 표시되어 있고, 파란 선은 공식 PMI 자료다. 그런데 옆 자료에서 연보라색 선은 3개월을 앞당겨 자료에 표시했다. 그런데 둘은 마치 함께 같은 방향으로 움직이는 것처럼 보인다. 즉, 신규 주문-재고는 공식 PMI를 선행한다고 볼 수 있다. 자료에서 3개월 정도를 앞당겨서 표기했으

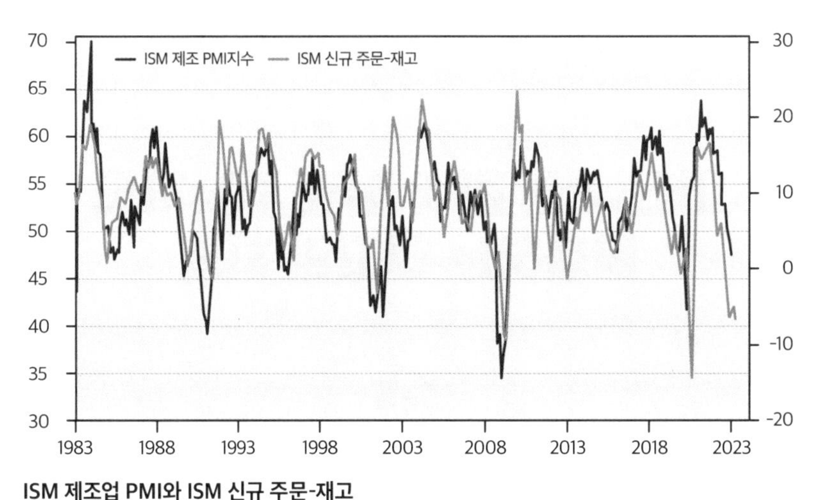


**ISM 제조업 PMI와 ISM 신규 주문-재고**

출처: Bloomberg, JP Morgan Asset Management

므로 3개월 내외로 선행한다고 볼 수 있다. 정리하면, PMI에서 신규 주문 값에서 재고 값을 제외한 데이터인 신규 주문-재고 데이터는 공식 PMI를 3개월가량 선행한다. 그리고 PMI는 주가와 대체적으로 동행한다.

그럼 결국 신규 주문-재고 값만 알면 주가의 방향성을 3개월 내외로 예측할 수 있다는 결론이 나온다. 놀랍지 않은가? 처음에 이런 비밀을 접하게 되면 누구나 놀랍고 피가 뜨거워진다. 마치 이 사실 하나만으로도 떼돈을 벌 수 있을 것 같은 느낌이 들기 때문이다. 그러나 이 또한 절대적일 수 없고, 다양한 지표와 혼합해 활용하면서 욕심을 절제했을 때 수익률을 극대화해주는 요소일 뿐이라는 사실에 유념하기 바란다.

PMI는 미국뿐 아니라 중국, 한국 등 주요 국가의 데이터들을 지속적으로 추적할 수 있기 때문에 각국 경제가 어떻게 돌아가고 있는지, 주가 전망은 어떻게 될지 파악하는 데에 큰 도움이 된다. 참고로 PMI 지표는 인베스팅닷컴에서 쉽게 확인할 수 있다.

# 마진데빗, 월가 기관 투자자도 활용하는 최고의 지표

금융 관련 영화 중 '빅쇼트'라는 영화가 있다. 2008년 글로벌 금융위기를 수년이나 미리 예측해서 큰돈을 번 마이클 버리의 이야기를 담은 영화다. 그는 현재 추정자산 2,000~3,000억을 소유한 재벌이다. 마이클 버리는 도대체 금융시장의 붕괴를 어떻게 예측한 것일까. 만약 마이클 버리가 핵심적으로 보는 지표 중 하나를 알 수 있다면, 우리는 천군만마를 얻은 기분이지 않을까? 심지어 데이터도 누구나 쉽게 확인할 수 있도록 무료로 시각화된 자료를 볼 수 있다면 어떨까?

그러한 지표 중 하나가 바로 마진데빗(Margin debt)이다. 마진데빗은 쉽게 말해서 주식시장에 빚투로 들어온 금액의 추이를 보여주는 자료다. 주식시장은 때로는 뜨겁게 상승하고, 때로는 차갑게 하락하곤 하는데, '뜨겁게 상승하는 주원인이 뭘까'라고 생각해본다면 바로 '빚'이다.

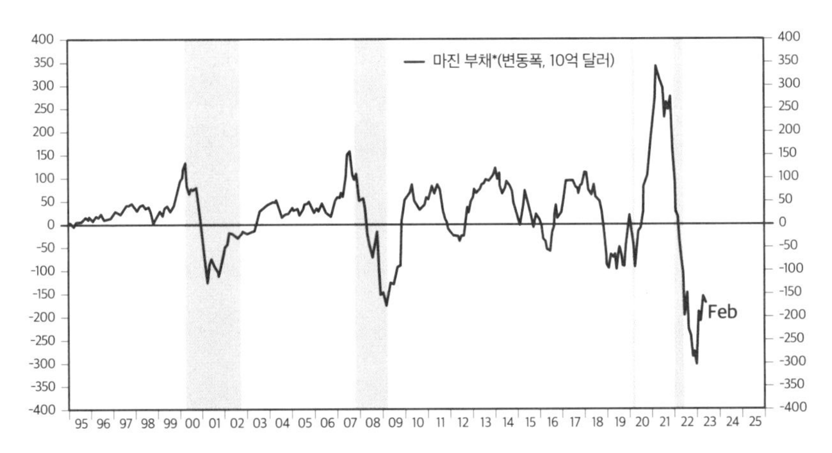


**마진데빗 데이터(1995~2023)**

출처: Yardeni Research

경제가 좋아지고 사람들이 신용과 빚을 내어 주식시장에 많은 돈을 투자하게 되면 주식시장은 뜨겁게 상승하면서 팽창하고, 견디다 견디다 결국 버블이 터져버리곤 한다.

이러한 주식시장의 빚을 쉽게 추적할 수 있는 지표가 마진데빗이라고 할 수 있겠다. 아쉬운 점 중에 하나는, 마진데빗은 오로지 미국 주식시장에 몰려든 빚의 추이만을 보여주기 때문에 다른 국가의 주식시장에 얼마나 많은 빚과 신용이 몰렸는지는 알 수 없다. 단, 한국의 경우엔 한국거래소에서 신용공여나 주식 대출과 관련한 데이터를 엑셀로 추출해 차트로 만들어 보는 정도로 대체할 수 있다. 그러나 나는 보통 이와 관련한 지표로 마진데빗만을 체크하곤 하는데, 어차피 미국의 마진데빗을 추적하면 전반적인 자산시장의 동향을 어느 정도 알 수 있기 때문이다. 미국은 기축통화국이고, 미국의 자본시장은 전 세계에서 돈이 몰리는 곳이다.

또, 미국 자산시장과 전 세계 자산시장은 서로 연동되어 대체로 유사한 방향성을 갖고 움직인다. 그러다 보니 신용, 빚 데이터에 대한 추적은 마진데빗 하나로 추적하고 이외에 다른 데이터와 자료들을 결합해 활용하면 전반적인 자산시장의 동향을 빠르고 쉽게 파악할 수 있다. 실제로 마진데빗은 2021년경부터 점점 하락하기 시작했고, 특히 2022년을 기점으로 마이너스로 전환되었다. 이렇게 마진데빗의 상승 추세가 꺾이기 시작한 이후로 한국 코스피, 미국 주가지수 등등이 하나둘씩 하락세로 전환하기 시작했다.

구글에 'margin debt yardeni research'라고 검색하면 쉽게 무료로 확인할 수 있고, 영어로 margin debt이라고만 검색해도 어렵지 않게 마진데빗과 관련한 차트를 여러 사이트에서 확인할 수 있다.

# 경기선행지수, 바닥을 기막히게 잡는 지표

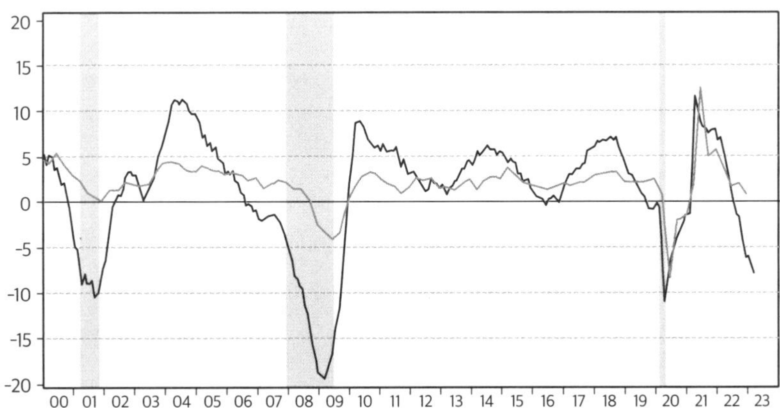


**미국 경기선행지수와 실질 GDP**

출처: The Conference Board

미국의 컨퍼런스보드에서는 전 세계 주요 경제의 비즈니스 트렌드를 예측하고, 현재가 어느 정도의 경제 상태인지를 알려준다. 경제가 뜨거워질 만큼 뜨거워져서 이제 고점에 도달했는지, 이제 바닥에 도달해서 경기가 회복될 준비가 되어 있는지 등을 시각화해서 알려준다. 이게 바로 경기선행지수(LEI, Leading Economic Index)이다.

경기선행지수는 제조업체의 신규 주문, 건축허가, 이자율스프레드 등 다양한 지표를 구성요소에 포함시키는데, GDP, PMI와 동일한 방향성을 갖고 움직이므로 경제의 방향성을 정확히 보여준다고 말할 수 있겠다. PMI보다 1~2개월 선행하려는 경향도 보이기 때문에 주가의 미래 방향성도 어느 정도 알려준다고 할 수 있겠다.

아래의 블룸버그 자료를 보면, 경기선행지수(전년 동기 대비)의 바닥과 주식시장의 바닥이 거의 일치한다. 즉, 경기선행지수가 바닥에 도달했다가 다시 상승하는 추세로 완벽히 전환이 됐다면? 주식시장도 이미 바닥에 도달했거나, 이제 바닥의 부근에 도달하여 다시 상승할 준비가

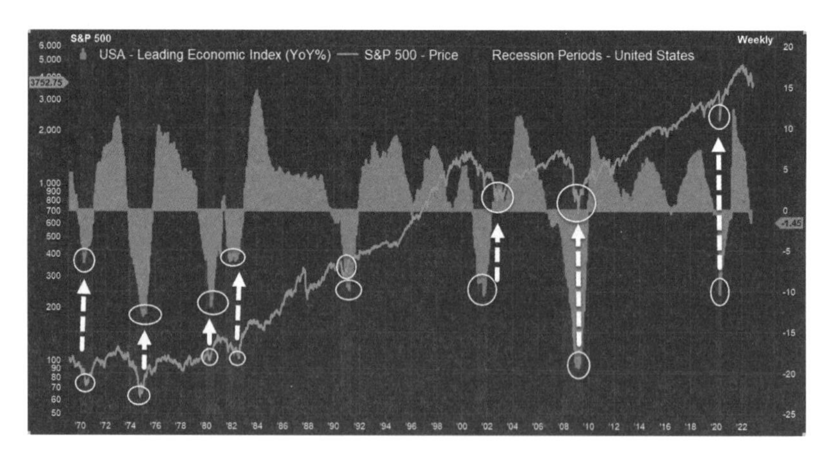


**주식시장(선)과 경기선행지수 바닥**
출처: Bloomberg

끝났을 가능성이 높다는 것을 알려준다. 참으로 유용한 지표가 아닐 수 없다.

참고로 경기선행지수는 1958년 이후 총 8번 급락했는데, 8번 모두 경기선행지수가 고점에 도달하고 급락하기 시작한 이후로 경제 침체가 발생했다. 즉, 경기 침체를 사전에 어느 정도 예측하기에 넉넉하게 유용한 지표라는 점도 검증이 이미 된 것이다. 또한, 블룸버그와 해외 리서치 업체들의 연구 결과를 봐도 경기선행지수가 0 이하에서 상승할 때 가장 주식 투자의 성과가 좋았고, 그다음으로 경기선행지수가 0 이상이며 상승추세일 때 투자 시에도 여전히 성과가 좋았다. 그러나 경기선행지수가 0 이상인데 하락추세일 시에는 거의 수익의 성과가 없었고, 경기선행지수가 0 이하이며 하락추세인 경우에는 마이너스 수익이 났다. 1960년 이후 현재까지를 분석한 결과이기 때문에 신빙성도 꽤 높다.

또, 우리가 여러 번 이 책에서 확인했듯 '경제가 주식시장을 장기적으로 이끌어 간다'는 가설도 결국은 경기선행지수가 맞다는 것을 검증해준다. 경기가 최대로 악화되고, 실업률이 폭등하고, 금리가 낮아지고, 투자자들이 주식을 팔아서 주식 비중이 최대로 낮아진 상태, 즉 경기가 최악인 상황에서 경기선행지수가 상승하며 회복한다면? 주가도 함께 상승하면서 경기도 좋아질 가능성이 매우 높은 것이다. 경기가 너무나 호황이어서 실업도 매우 적고, 물가가 연일 오르고 있으며, 물가를 억제하기 위해 금리를 올리는 2021~2022년과 같은 시장은 어떨까? 당연히 투자하기 위험한 때라는 것을 알 수 있다. 실제로 경기선행지수는 2021년 하반기 내외를 기점으로 전년 동기 대비 기준 하락세를 시작했고, 주식시장도 그에 맞춰 상승세가 약화되기 시작했다.

주식시장은 암호화폐 시장과 함께 움직이고, 부동산시장은 주식시장보다 좀 더 늦게 움직이면서 좀 더 오래 침체되는 경향이 있다는 점을 감안할 때, 결국 경기선행지수 하나로 주식시장, 암호화폐시장, 부동산시장의 전망을 전반적으로 알 수 있다는 놀라운 사실을 알게 된다. 또, 채권시장 또한 경기가 악화될 때 금리가 낮아지면서 상승하는 경향이 있으므로 채권시장의 동향도 어느 정도는 알 수 있고, 경기가 악화되면 보통 환율이 상승하면서 달러 가치가 상승하고 원화 가치가 하락하게 되므로 외환시장의 방향성도 대략적으로 알 수 있게 된다. 즉, 경기선행지수 하나만으로 주식시장, 채권시장, 외환시장, 부동산시장의 트렌드를 어림잡아 알 수 있다는 것이 핵심이다.

경기선행지수는 특히 비즈니스를 하는 사람에게도 상당히 유용하다. 경기가 좋을 때 잘되는 사업을 하는 사람이라면 경기선행지수가 바닥에 도달하고 상승할 때 마케팅 비용을 좀 더 공격적으로 집행하고, 사세 확장을 시작할 수 있겠으며, 경기가 침체될 때 사업이 잘되는 사람은 경기가 하강으로 꺾였을 때 사업을 미리 확장하거나 수주를 대비할 수도 있겠다. 경기선행지수는 미국 컨퍼런스보드 사이트에서 확인할 수 있다.

EPILOGUE

# 이 책을 읽은 투자자와 일반인의 성과는 차원이 다를 것이다

투자는 매우 중요한 결정이다. 그러나 우리가 투자를 결정할 때, 보통 지금의 상황과 감정에 의해 결정한다. 이러한 상황에서는 좋은 투자결과를 얻을 수 없을 뿐만 아니라, 대개 비용도 많이 들게 된다. 하지만 이 책을 읽은 독자는 투자를 결정할 때 더욱 과학적이고 체계적인 방식으로 접근할 수 있게 된다. 이 책에서는 강력한 분석 도구와 전략을 제시하며, 투자에 대한 경험적인 요소보다는 데이터와 분석을 강조한다. 더불어, 이 책에서 제시하는 전략은 지난 몇십 년간 검증되어 온 것들이다. 이는 독자들이 더욱 높은 확률로 성공할 수 있는 방법이라는 것을 보여준다.

따라서, 이 책을 읽은 독자는 더욱 체계적이고 과학적인 방식으로 투자 결정을 내릴 수 있게 되며, 이를 통해 차원이 다른 투자 결과를 얻을 수 있을 것이다. 이 책을 읽은 독자는 더 이상 감정에 기반한 투자를 하지 않을 것이며, 더욱 과학적이고 체계적인 방식으로 투자를 결정할 것으로 확신한다. 이 책은 데이터에 기반한 투자법에 대해 쉽게 이해할 수 있도록 구성하기 위해 필자들이 매우 노력했다.

누구나 잘 알고 있겠지만, 투자에 있어서 데이터는 매우 중요한 역할을 한다. 그러나 데이터를 분석하고 해석하는 것은 매우 어려운 일이다. 이 책에서는 이러한 데이터를 쉽게 이해할 수 있도록 풍부한 그래프와 예시를 제공하고 있으며, 투자원칙에 대해서도 최대한 구체적으로 설명했다. 더욱이 이 책에서는 데이터를 이용한 투자 전략 또한 다양하게 제시했다. 이전에는 투자에 있어서 경험이나 직감에 의존하는 경우가 많았고 투자원칙이라고 해 봤자 뜬구름을 잡는 경우가 허다했다. 그러나 이 책에서는 데이터를 기반으로 한 체계적인 전략을 제시하며, 이를 통해 독자들은 높은 확률로 투자에서 성공할 수 있게 될 것으로 확신한다.

이 책에서 제공하는 데이터와 전략은 지금까지 여러 번 검증되었으며, 그 효과는 입증되었다. 따라서 이 책을 읽은 독자는 데이터를 활용한 체계적인 투자를 통해, 큰 성공을 이룰 수 있을 뿐만 아니라, 투자에 대한 자신감도 키울 수 있을 것으로 기대한다.

2023. 5.

김피비, 곽상빈

# 에임리치를 활용한 최적의 투자법

출처: 에임리치

에임리치는 주식, 부동산, 비트코인, 채권, 원자재 등 다양한 자산에 대한 투자 정보와 전략을 안내하는 경제 뉴스레터 회사다. AI와 빅데이터를 활용해서 경제의 트렌드를 분석하고 투자자들이 올바른 선택을 할 수 있도록 돕는다. 유튜브, 텔레그램, 카카오톡 플랫폼, 홈페이지 등 다양한 매체를 통해서 투자에 참고할 수 있는 전문 데이터와 정보들을 제공하고 있다. 또, 에임리치 파트너스는 투자뿐 아니라 상속, 은퇴, 세무 등 돈과 관련한 모든 애로사항을 해결하고, 전문가들을 통해 경제적으로 더 나은 삶을 살 수 있도록 개인, 법인의 자산관리 컨설팅을 수행하고 있다. 은행의 PB센터, 증권사의 WM센터와도 같은 역할을 한다.

무료로 에임리치를 활용해 투자에 도움을 받는 방법은 무엇이 있을까?

## 01. 뉴스레터

에임리치 홈페이지(aimrich.co.kr)에서는 매일 주식, 암호화폐, 부동산(향후 카테고리 추가 예정) 투자에 필요한 이슈나 정보들을 무료로 제공하고 있다. 투자에 필요한 종목 정보를 제공하거나 뉴스에 나오는 이슈들을 전문 에디터들이 이해하기 쉽도록, 투자에 유용하도록 해석해주고 있다. 또, 전문 금융 데이터를 쉽게 해설해주거나 투자 전문가의 인사이트 또한 확인할 수 있다.

한 콘텐츠를 읽는 데 소요되는 평균 시간은 3분 남짓으로, 시간이 바빠 뉴스나 경제 동향, 주식이나 부동산, 암호화폐의 다양한 정보들을 체크할 시간이 없는 사람들은 에임리치 사이트에서 빠르고, 쉽게 질적인 정보를 받아볼 수 있다. 뉴스레터 신청 시 주 2회, 이메일을 통해 무료로 투자 정보를 받아볼 수 있으며 현재 월평균 6만 명의 방문자 수를 기록하고 있다.

# 02. 유튜브

에임리치 유튜브는 구독자 10만 명의 경제 유튜브로, 매주 월요일~목요일 저녁에 라이브 방송을 진행하고 있다. 단순히 뉴스를 읽고, 추측성 전망을 하는 타 유튜브 채널과 달리 AI, 빅데이터 기술을 바탕으로 전문적인 금융 정보를 누구나 쉽게 이해할 수 있도록 제공하고 있다. 주중의 정규 라이브 방송에 참여할 경우 실시간으로 경제 시황 및 자산시장 동향, 금융 데이터 분석 등의 브리핑을 확인하고 질문, 답변을 할 수 있으며, 정규 라이브 방송 시간 외에도 편집영상을 통해 요약된 정보들을 확인할 수 있다. 김피비가 개인적으로 운영하는 '투자한스푼' 유튜브에서도 위와 같은 정보를 확인할 수 있다.

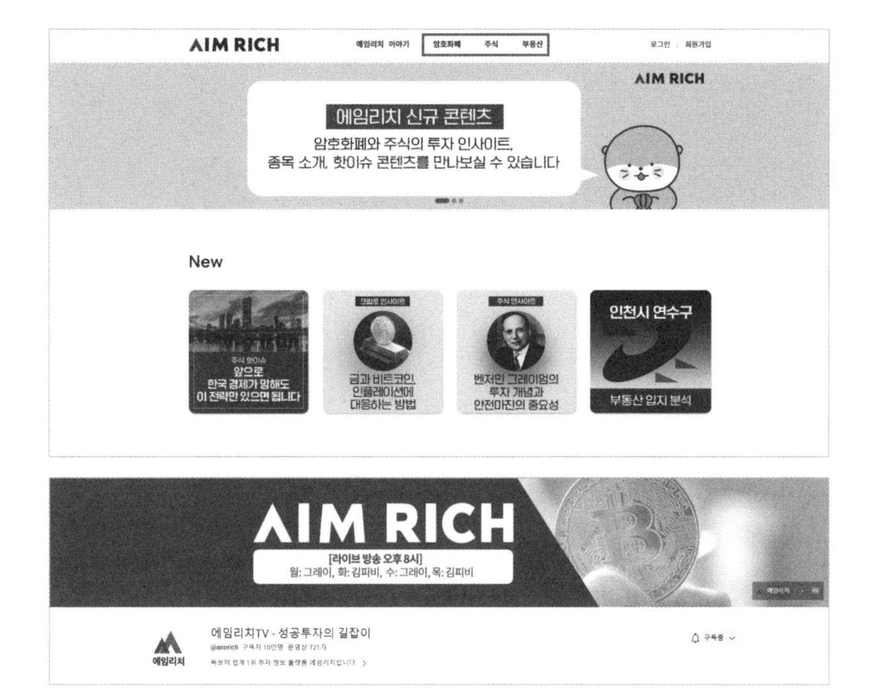

## 03. 에임리치 파트너스

한국거래소의 연구 결과에 따르면, 30년간 가장 높은 수익률을 보여준 자산은 주식이었다. 그럼 우리 모두가 주식에 장기간 투자하면 누구나 다 돈을 벌 수 있고, 주식에 투자하는 것이 정답처럼 보인다. 과연 정말 그럴까? 정답은 절대 아니다. 사람의 얼굴이 백이면 백 다 다르게 생겼듯이, 나에게 맞는 투자 전략 또한 제각기 다르다.

이미 미국, 유럽 등 금융 선진국에서는 전문가에게 자산관리 서비스를 받는 것이 보편화, 대중화되어 있으나, 아직도 한국에서는 이러한 문화가 정착되어 있지 않다. 이러한 현실을 개선하기 위해서 에임리치 파트너스는 국내에 선진국형 자산관리 서비스를 도입하기 위해 앞장서고 있다.

에임리치 파트너스는 투자, 은퇴, 상속, 세무 등 돈과 관련한 애로사항을 해결하고, 나에게 가장 효율적인 자산관리 솔루션을 제공해준다. 단순히 금융, 경제 전문가뿐 아니라 각 분야의 전문직(회계사, 변호사, 노무사, 세무사, 감정평가사, 손해사정사 등) 네트워크를 활용해 개인과 기업에게 토탈 종합 자산관리 서비스를 제공하고 있다.

우리는 몸이 아프면 의사를 찾아가고, 법률 문제가 생기면 변호사를 찾아간다. 그런데 정작 우리나라 사람들은 인생에서 가장 중요한 자원 중 하나인 돈을 관리하는 데에는 매우 소홀하다. 같은 급여에 같은 재산이 있더라도 어떻게 투자하고 관리하느냐에 따라 10년 뒤, 20년 뒤 차이는 압도적으로 크다. 자산의 규모가 10배 이상 차이 나기도 한다. 즉, 뉴스레터나 유튜브 채널이 멋진 기성복이라면, 에임리치 파트너스의 금융 컨설팅 서비스는 마치 맞춤 정장처럼 나에게 딱 맞는 자산관

## ‖ 국내 투자자산별 누적수익률 비교 ‖

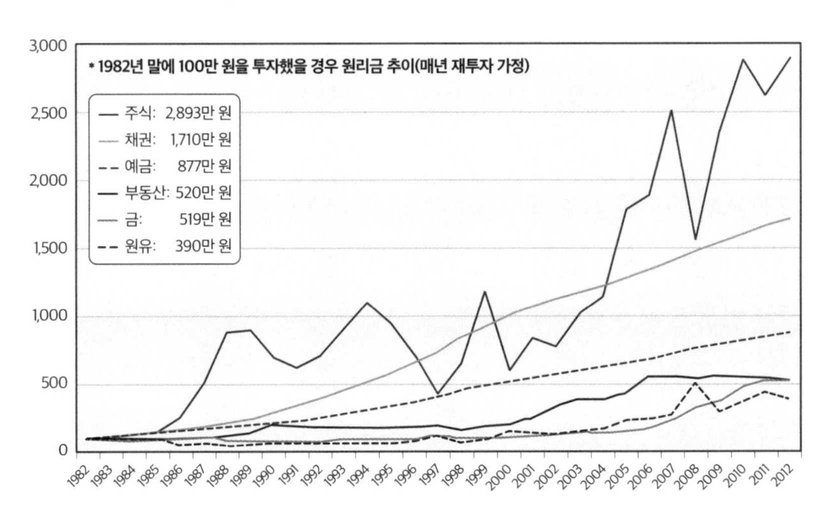


| 자산구분 | '03년~'12년(10년간) | '83년~'12년(30년간) |
|---|---|---|
| 주식[1] | 274.0% | 2,793.2% |
| 채권[2] | 52.0% | 1,609.7% |
| 예금[3] | 48.7% | 777.3% |
| 금[4] | 325.8% | 418.7% |
| 부동산[5] | 55.6% | 419.9% |
| 원유[6] | 212.8% | 289.8% |
| 물가상승률 | 35.9% | 236.6% |
| 경제성장률 | 42.7% | 552.2% |

출처: 한국거래소

리 전략이 무엇인지 알 수 있고, 일회성 컨설팅이 아닌 중장기적인 모니터링을 통해 나의 경제적 목표를 달성하는 데 큰 도움을 받을 수 있다. 컨설팅 신청은 에임리치 대표번호인 1577-0471로 신청자의 이름을 문자로 남기거나, 직접 유선으로 전화를 걸어 신청할 수 있다.

## 04. 에임리치 아카데미

에임리치는 '고품질의 금융서비스를 합리적인 가격에 제공'해 소득이나 재산 상황에 관계 없이 누구나 전문적인 금융 정보를 얻고, 전문가의 노하우를 배울 수 있도록 최선을 다하고 있다.

에임리치는 대기업, 언론사, 회계법인, 법무법인, 투자자문사 등 다양한 기관과 제휴를 통해 저렴한 비용으로 전문가들의 강의, 세미나를 수강할 수 있도록 시스템화했으며, 사회 환원 측면에서 무료 강연도 진행하고 있다. 신청은 에임리치 사이트, 유튜브 페이지, 전화 문의 등을 통해 가능하다.

# 기관 투자자들이 활용하는 투자비기 10선

투자비기 10선은 초판 5,000부에 한정해 공개하는 김피비의 특별 인사이트 자료다. 오늘도 사람들은 경제적 자유와 행복을 위해 투자한다. 하지만 정확하게 잘못 알고 있는 부분들, 그리고 중요하지만 간과했던 부분들, 꼭 알아야만 하는 내용을 모르고 투자하는 사람들이 너무나도 많다.

이 부록에서는 여러분들이 좀 더 성공적인 투자를 하는 데 도움이 될 수 있는 내용을 담았다. 생각보다 유용한 의외의 내용이 있을 텐데, 만약 아래 내용을 전부 숙지하고 있다면 당신은 1)이미 금융시장에서 실력이 상당히 높은 편에 속하는 투자자거나 2)김피비와 에임리치의 열혈 팬일 것이다. 이 두 부류에 속하지 않는다면 충분히 큰 도움이 될 것이라 확신한다.

## 01. 피봇 = 시장 폭락

'피봇(Pivot)'은 금리인상을 중단하고 금리를 인하하는 방식으로 연준이 정책을 전환하는 것을 의미한다. 2022~2023년에 투자하던 많은 사람들은 금리 인하만을 기대하며 투자하곤 했다. 금리가 너무나 가파

‖ 각 경제 침체별 주가 폭락 수준과 하락 기간 ‖

| 경제 침체 | Stock Crash | Fed Pivot | S&P Bottom | Pivot→Bottom |
|---|---|---|---|---|
| 금융위기 | -50.1% | Aug 2007 | Feb 2009 | 18개월 |
| 닷컴버블 | -38.3% | Dec 2000 | Sept 2002 | 21개월 |
| 걸프전쟁 | -4.4% | Jun 1989 | Oct 1990 | 16개월 |
| 더블딥(이중침체) | -16.5% | Jun 1981 | Jul 1982 | 13개월 |
| 1973 경기 침체 | -41.3% | Oct 1973 | Sept 1974 | 11개월 |
| 1969 경기 침체 | -18.9% | Mar 1970 | Jun 1970 | 3개월 |
| **평균** | **-28.3%** | | | **14개월** |

* Pivot is first month Fed cut rates in Economic Cycle: Stocks based on S&P 500

출처: 코인데스크

르게 상승하면서 시장이 하락한다고 생각했기 때문이다. 실제로 급격한 금리 인상에 시장이 하락세를 보인 것은 맞지만, 오히려 금리 인상 시기보다 금리 인하 시기에 주가는 더 많이 폭락하는 경우가 많다. 사람들은 금리 인하가 세상을 좋아지게 할 것이라고 믿지만, 실제 데이터는 정반대를 얘기한다.

위 표를 보자. 최근 가장 강력한 경제 침체 중 하나였던 2008년 글로벌 금융위기 당시, 2007년부터 피봇을 시작해 금리를 인하하기 시작한다. 그러고 나서 주가지수는 -50.1%가 폭락하게 된다. 주가지수가 반토막이라면 개별 종목은 -90% 이상 하락한 종목들도 어렵지 않게 볼 수 있는 상황이 연출된다. 이러한 하락장의 기간은 피봇 이후 무려 1년 6개월간이나 이어졌다.

이러한 경제 침체를 보면, 평균 14개월간 주가지수가 -28.3% 하락했다는 것을 알 수 있으며, 통계를 보면 피봇 이후 1년간은 주가가 하락할 가능성이 높기 때문에 투자 비중을 늘리기보단 줄이는 게 더 현명한 선택이다. 연준이 금리를 인하하는 경우는 '경제가 크게 침체될 것 같아서 경기 침체의 강도를 완화하기 위해'인 경우가 대부분이기 때문이다.

## 02. 삼성전자와 환율

**삼성전자(연보라색)와 달러/원 환율(파란색)**
출처: TradingView

우리나라 사람들은 삼성전자를 좋아한다. 갤럭시를 쓰고, 삼성 가전을 쓰며, 삼성전자에 투자하는 사람들이 정말 많다. 삼성이 곧 한국과도 같기 때문이다. 삼성은 한국을 대표하는 기업이며, 한국이라는 국가

브랜드의 위상을 높인 기업이다. 그만큼 우리는 삼성전자와 친숙하다. 주식시장에서도 삼성전자의 위력이 매우 강한데, 삼성전자가 곧 코스피이고 삼성전자가 곧 대형주의 주가이기 때문이다. 우리나라의 최고 대장주이며, 삼성전자가 우리나라 주식시장에서 차지하는 비중이 상당히 크다. 그렇기에 삼성전자 흐름에 우리나라 주식시장이 절대적인 영향을 받는다.

그럼 삼성전자의 추세와 전망을 단 1분 만에 체크할 수 있는 방법이 있다면 어떨까? 아마 강력한 무기를 얻은 기분이 들 것이다. 생각보다 아주 간단한 방법인데, 바로 '환율(원 달러)'을 이용하면 된다. 환율과 삼성전자는 반대로 움직인다. 환율이 오르면 삼성전자의 주가가 빠지고, 환율이 떨어지면 삼성전자의 주가가 오른다. 매번 그렇진 않지만, 대체적으로 그렇다. 그 이유는 무엇일까?

환율이 오른다는 것은 한국 돈의 값어치가 떨어지고, 미국 돈인 달러의 값어치가 오른다는 것을 의미한다. 보통 달러의 값어치는 전 세계 경제가 어려움에 빠지거나, 빠질 것 같을 때부터 오르기 시작한다. 즉, 달러는 전 세계를 대표하는 안전 자산인 것이다.

반대로 원화는 글로벌 자산 관점에서는 '신흥국 통화'이다. 투자자들의 관점에선 미국 달러보다는 상대적으로 위험한 자산이고, 한국의 주식들 또한 마찬가지다. 즉, 한국에서 돈이 빠져나가 달러로 흘러가는 상황이 되면, 당연히 우리나라 주식에 투자하던 사람들도 주식을 팔고 미국 주식이나 달러, 내지는 다른 안전자산으로 돈을 옮긴다. 결국 전 세계적으로 안전자산의 수요가 높아지면 한국 주식은 하락할 수밖에 없으니 삼성전자는 환율과 반대로 움직이게 되는 것이다.

## 03. 하락장 이후 6개월 뒤에 사라

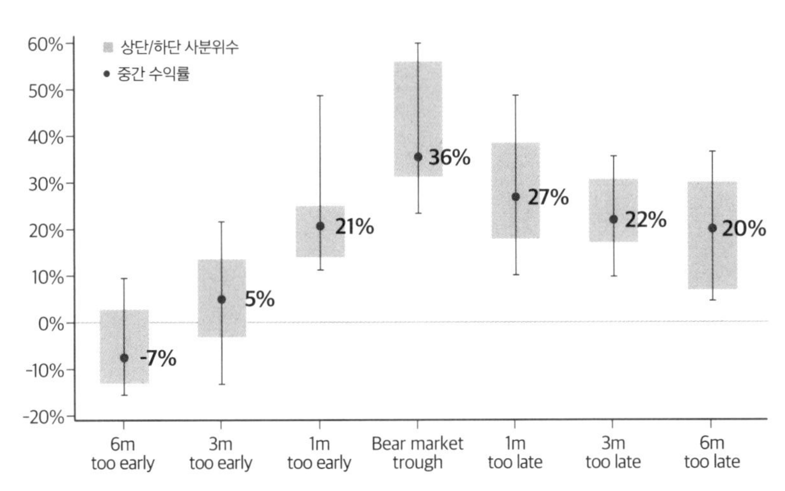


**하락장 매수 타이밍별 1년 뒤 투자 성과 비교**
출처: MarketWatch

하락장이 시작되고 난 이후, 운 좋게 꽤 많은 현금을 들고 있다고 가정해보자. 그럼 당신은 어느 타이밍에 주식을 살 것인가? 이걸 판단하기란 참으로 어렵다. 수많은 데이터를 활용해도 주가의 바닥과 고점을 예측하기가 어려운데, 일반인이라면 더더욱 매수 타이밍을 잡기가 힘들다. '공포에 사라'는 주식시장 격언이 있지만, 막상 정말로 경제 침체가 오고 주식이 마구잡이로 폭락하는데 거기서 용기 있게 매수할 수 있는 사람이 얼마나 될까? 위 자료를 보면 아주 좋은 힌트를 얻을 수 있다.

우선 바닥을 예측하고 투자하는 것은 추천하지 않는다. 일반적으로 하락장의 바닥을 예측하고 6개월 전에 매수했다면 기대할 수 있는 수익률이 없고 오히려 손실이 날 가능성이 크다. 바닥에 도달하기 3개월

전에 매수했다면 바닥 예측 능력이 매우 뛰어난 사람이지만, 실제로는 큰 수익을 보지 못할 가능성이 크다.

하지만 바닥에 완전히 도달한 이후에 매수한다면 어떨까? 결론적으로는 주가가 바닥에 도달한 이후 무려 6개월 뒤에 매수해도 여전히 높은 수익률을 기대할 수 있으며, 하락장 바닥 1개월 전에 매수하거나 바닥 도달 이후 1개월, 3개월 이후에 매수했을 때와 수익률이 그다지 많이 차이 나지도 않는다. 물론 개별 종목에 따라서 수익률이 크게 차이 날 수 있긴 하지만, 리스크 대비 수익률의 관점에서 생각해본다면 바닥에 도달하고 넉넉히 6개월 뒤에 매수해서 맘 편히 큰 수익을 노릴 수 있는데 굳이 바닥을 정확하게 예측할 필요가 있을까?

## 04. 연착륙, 경착륙 판단법

경착륙은 항공기가 급격히 고도를 낮추면서 착륙하는 것을 의미하고, 연착륙은 천천히 착륙하는 것을 의미한다. 보통 투자시장에서는 경제 침체의 강도를 비유할 때 경착륙(또는 하드랜딩), 연착륙(또는 소프트랜딩)이라는 말을 많이 쓰곤 한다. 즉, 경제가 강하게 경착륙할 거냐, 아니면 타격이 크지 않은 범위 내에서 약간의 연착륙만이 생길 것이냐 하는 얘기다.

많은 투자자가 언론사와 전문가들의 발언에 굉장히 헷갈려 하곤 한다. 누구는 '경제가 연착륙할 것이다', 누구는 '경제가 강한 침체로 경착륙을 할 것이다' 얘기하는데 누구 말이 맞는 것인지 판단하기가 어렵다. 모두가 다 유명하고, 똑똑하고, 돈이 많은 사람들이기 때문이다.

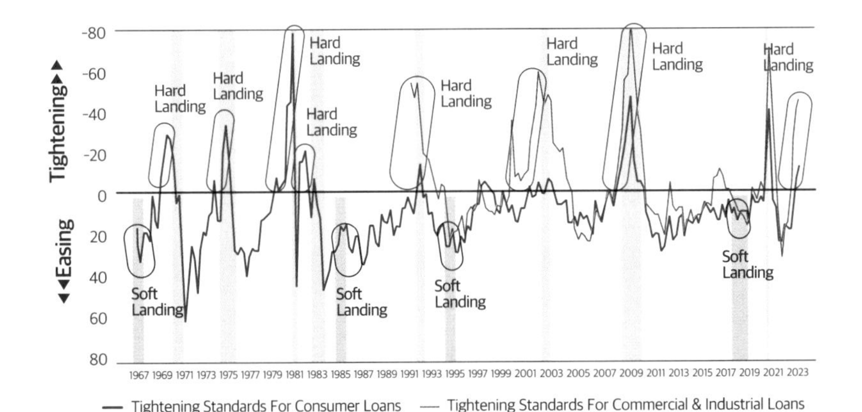


**금융기관 대출 태도별 경제 침체의 강도**

출처: Macro.PiperSandler

언론사의 기사도 마찬가지다. 시장이 급락하면 경착륙 얘기가 많이 나오고, 시장이 하락장 속에서도 반등하면 연착륙이라는 얘기가 나오기 때문에 더더욱 투자자들은 헷갈린다.

이러한 경착륙과 연착륙을 구분할 수 있는 방법은 간단하다. 1)인플레이션이 심하고 2)금융기관의 대출 태도가 나빴으며 3)기준금리가 인상됐으면 경착륙이다. 반대로 인플레이션이 그다지 심각하지 않았고, 금융기관의 대출 태도가 그다지 악화되지 않았는데 기준금리가 인상되게 되면 그 이후에 연착륙, 즉 약한 경제 침체가 오는 경우가 대부분이다.

인플레이션이 심각했느냐, 안 했느냐를 개인이 판단하긴 어려울 수 있지만, 보통 경착륙이 올 정도라고 하면 물가상승의 심각성에 대해 언론에서 연일 떠들 것이기 때문에 개인이 약간의 전문가의 도움만 받는다면 판단하기 그리 어렵진 않다.

중요한 것은 '대출 태도'인데, 대출 태도와 관련한 데이터를 직접 체크해 보면 가장 좋겠지만, 이건 장단기금리차로도 어느 정도 구분이 가능하다. 장단기금리차가 역전될 정도가 되면 금융 환경이 상당히 악화되어 금융기관의 대출 태도 또한 악화되기 때문이다. 즉, 장단기금리차가 역전(강하게 될수록)되고, 인플레이션이 높다는 얘기가 들리면서 그 전후로 금리인상이 진행된다면 경제는 강하게 침체할 가능성이 높아지게 된다.

## 05. 주식시장은 카지노와 반대

카지노에 오래 있을수록 사람들은 반드시 돈을 잃는다. 카지노의 승률이 조금 더 높기 때문이다. 당신이 무슨 게임을 하든, 전문 갬블러가 아니라면 돈을 잃을 수밖에 없는 구조다. 하지만 주식시장은 다르다. 오래 있을수록 수익을 볼 가능성이 높다. 미국 S&P 500을 기준으로 1928년부터 2022년까지 조사한 결과, 투자 기간이 길어질수록 수익을 볼 가능성도 높아진다. 20년가량 투자하면 수익을 볼 확률이 100%에 달하고, 10년 이상만 투자해도 승률이 94%로 매우 높은 편이다.

한 가지 놀라운 사실은, 단 1일만 투자해도 수익을 볼 확률이 53%로 생각보다 꽤 높다는 것이다. 그래서 많은 투자자가 처음에 투자할 때 습관을 잘못 들이면 큰돈을 잃곤 한다. 샀다 팔았다 몇 번 했더니 쉽게 꽤 괜찮은 수익을 얻게 되면, 그게 정답이라고 생각하고 계속 반복하게 되며, 결국 마치 카지노에서 도박을 하는 사람처럼 데이트레이딩에 중독되어 계속 투자금을 잃게 된다.

워런 버핏은 항상 이기는 투자를 한다. 확률적으로 항상 압도적으로

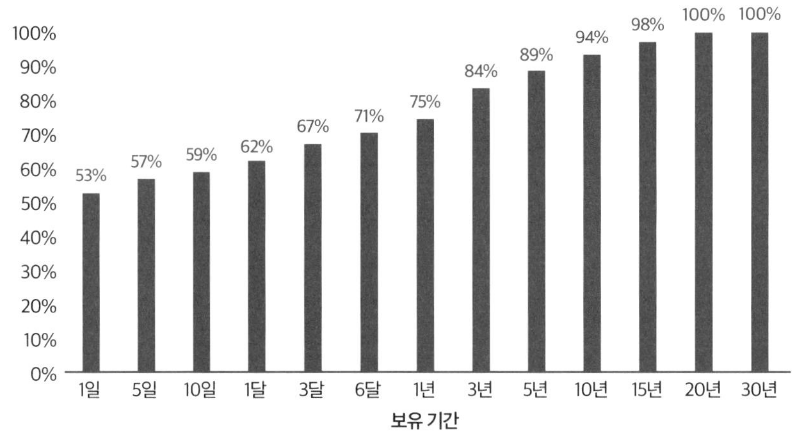


**주식(S&P 500) 투자했을 때 기간별 승률**
출처: Creative Planning, PeterMallouk

높은 방법을 고수한다. 그는 "10년 이상 보유할 주식이 아니면 단 10분도 보유하지 말라"고 전한다. 투자의 현인들은 늘 항상 유리한 고지를 선점하여 투자한다. 우리는 조급할 이유가 없다. 인생은 길다. 여유롭게 기간을 잡고 투자하라.

## 06. 미국은 곧 추월당할 것

미국은 현재 전 세계 1위 국가이다. 국방력으로도, 경제력으로도 매우 강력하다. 힘도 세고 돈도 많은데 누가 1위라는 것을 부정할 수 있을까? 하지만 역사는 우리에게 '영원한 국가는 없다'고 늘 말해주었다. 인간의 탐욕이나 상황에 따라 국가는 늘 흥망성쇠를 반복한다. 미국도 마찬가지가 될 가능성이 높다.

‖ 골드만삭스가 예상한 세계 경제 순위 ‖

| 순위 | 2022년 | 2050년 | 2075년 |
|---|---|---|---|
| 1 | 미국 | 중국 | 중국 |
| 2 | 중국 | 미국 | 인도 |
| 3 | 일본 | 인도 | 미국 |
| 4 | 독일 | 인도네시아 | 인도네시아 |
| 5 | 인도 | 독일 | 나이지리아 |
| 6 | 영국 | 일본 | 파키스탄 |
| 7 | 프랑스 | 영국 | 이집트 |
| 8 | 캐나다 | 브라질 | 브라질 |
| 9 | 러시아 | 프랑스 | 독일 |
| 10 | 이탈리아 | 러시아 | 영국 |
| 11 | 브라질 | 멕시코 | 멕시코 |
| 12 | 한국 | 이집트 | 일본 |
| 13 | 호주 | 사우디아라비아 | 러시아 |
| 14 | 멕시코 | 캐나다 | 필리핀 |
| 15 | 스페인 | 나이지리아 | 프랑스 |

출처: 중앙일보, 골드만삭스

골드만삭스에 따르면, 2050년이 되면 중국은 미국을 앞지르고 전 세계 1위의 경제 대국이 되고, 그로부터 25년 뒤인 2075년이 되면 인도마저도 미국을 추월하게 된다고 전망하고 있는데, 이는 단순하게 생각해봐도 이치에 맞는 이야기다. 인도는 5년 평균 6.6% 경제성장률을 기록했고, 미국은 2.12%, 중국은 3.2%를 기록했다. 그리고 현재 경제 규모는 GDP 기준으로 미국이 1위이지만 중국은 2위, 인도는 5~6위를 기록하고 있다.

2위인 중국이 미국의 경제성장률을 앞지르고 있고, 5~6위인 인도는 더 빠른 속도로 달리고 있다. 비록 지금은 경제라는 마라톤에서 미국이 가장 앞에 달리고 있지만, 뒤에 중국과 인도가 무섭게 맹추격을 하고 있는 것이다. 우리는 메이드 인 차이나 제품을 못 믿는다. 하지만 이제 중국의 제조업 기술력은 매우 놀라운 수준까지 성장해서 오늘날엔 첨단 기술을 가진 제조업 국가가 됐다.

인도는 어떤가. 풍부한 천연자원에 IT 기술이 뛰어난 인재들이 많고, 내수 인구도 현재 전 세계 1위(인도 14.28억, 중국 14.25억)에 달하며, 영어를 잘하는 인재 또한 많다. 정말 많은 잠재력을 갖고 있는 국가인 만큼 빠르게 성장하고 있다.

이미 전문가들과 학자들은 권력과 힘이 서양에서 동양으로 넘어오고 있다고 말한다. 그리고 숫자, 통계, 자료들을 봐도 그렇다. 서양이 지고 동양이 뜨고 있다. 사업이나 투자를 하는 사람들에게는 앞으로 어떤 국가가 뜨고, 어떤 국가가 지는지 반드시 알아야 한다. 거기에 돈이 몰리기 때문이다.

## 07. 기술주와 비트코인의 가격은 미국에 달려 있다

미국은 전 세계에서 가장 강력한 권한을 갖고 있다. 바로 '기축통화의 발권 권한'이다. 전 세계 상거래에서 기준 화폐가 되는 기축통화인 달러를 자신들 마음대로 찍어낼 수 있는 권한을 갖고 있는 것이다.

이 권한의 힘은 생각보다 어마어마해서 전 세계 경제를 마음대로 주무르고 좌지우지할 수 있는 것이나 마찬가지다. 미국은 언제든지 원하면 전 세계 경제를 불황으로 만들 수도 있고, 호황으로 만들어버릴 수도 있다. 모든 트렌드는 대부분 경제에 맞춰가곤 하기 때문에 전 세계

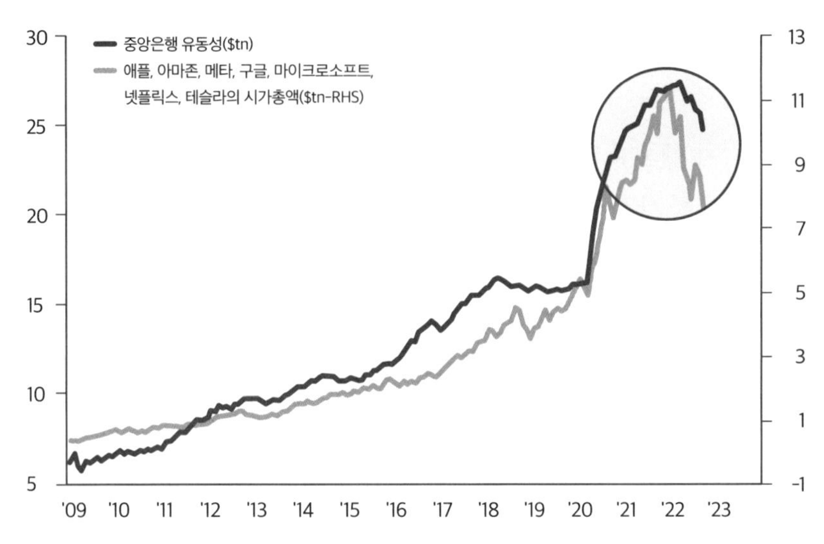


**미국 연준의 유동성과 주요 기술주의 시가총액 추이**
출처: BofA Global Research

의 문화에도 중대한 영향을 끼친다고 볼 수 있다. 그리고 이러한 권한은 미국 기술주와 비트코인에도 큰 영향을 끼친다. 연준이 돈을 열심히 찍어내고 많이 풀면 대부분의 주식도 오른다. 위 자료에서는 애플, 아마존, 메타, 구글, 마이크로소프트, 넷플릭스, 테슬라 등 주요 대형 기술기업들의 시가총액과 연준의 유동성을 비교해서 보여주는데, 보이는 것처럼 완전히 함께 움직인다. 즉, 연준이 돈을 찍어내는 만큼 기술기업들의 주가도 오른다는 얘기다.

그리고 비트코인 또한 마찬가지다. 비트코인은 기술 기업들과 닮은 점이 많다. 미래를 바꿀 것으로 기대되는 신기술이고, 혁신적이다. 가장 중요한 것은, 기술주의 주가와 비트코인 주가가 대체적으로 같은 방향으로 움직인다는 것이다. 이미 데이터로도 검증이 됐고, 그럼에도 궁금하다면 차트를 보고 비교해보자. 비슷한 방향성을 보이면서 함께 움직인다는 것을 알 수 있다. 즉, 우리가 비트코인이나 기술주에 집중적으로 투자하면 좋을 때는 '미국 중앙은행이 돈을 많이 찍어내고, 유동성을 풀 때'라고 보면 될 것이다. 유동성을 적게 푼다고 안 오르는 것은 아니지만, 많이 풀 때 가장 강력한 수혜를 보는 섹터라고 보면 된다.

## 08. 손절이 반이다

손절은 중요하다. 손절이 중요하다는 데에 아니라고 대답할 투자자는 없을 것이다. 그러나 막상 머리로는 알겠는데 몸은 참 안 따라주는 게 투자다. 왜 손절이 중요한지 간단한 예시로 설명해 보겠다.

만약 내가 -10% 손실을 봤다면, +11%의 수익으로 이 손실을 전부 매꿀 수 있다. 여기까지는 큰 무리가 없어 보인다. 그러나 -30%

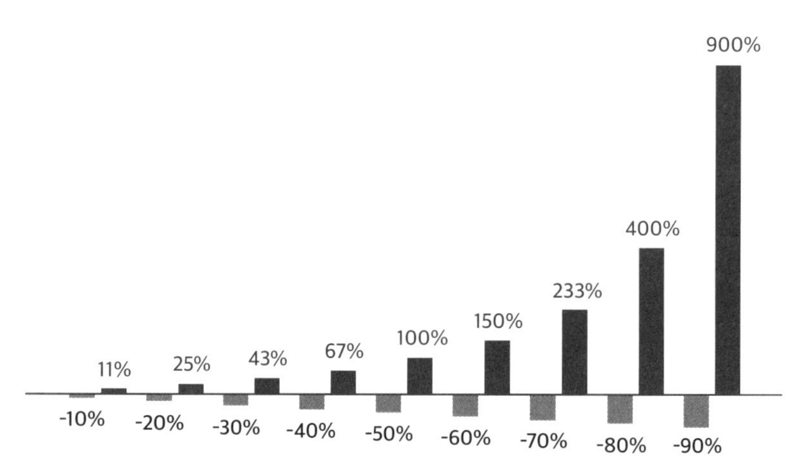


**손실률과 손실을 회복하는 데 필요한 수익률**

출처: Fusion Investing

손실을 회복하기 위해선 +43%의 수익이 필요하고, -50%의 손실은 +100%의 수익이 필요하다. 심지어 -80%의 손실에는 +400%의 수익이, -90%의 손실에는 +900%이라는 어마어마한 수익이 필요하다. 보통 투자자들은 -30%, -50% 손실을 봐도 '언젠가는 오르겠지' 생각하며 버티는 경우가 많은데, 이는 분명히 잘못된 생각이다. 주식이든, 부동산이든, 비트코인이든 어떤 종목이든 매수하기 전 반드시 시나리오가 필요하다.

1)얼마만큼 보유할 것인지 2)얼만큼의 수익을 보고 매도할 것인지 3)어느 정도 하락하면 손절할 것인지 정도는 염두에 두고 사야 한다. 이 세 가지의 기본적인 요소도 염두에 두지 않고 투자를 한다는 것은 마치 외줄 타기와 같아서 열 번을 성공해도 한 번 실패에 나락으로 가버릴 수 있는 위험한 방식의 투자다. 간단하고 기본적이지만 매우 중요하기 때문에 특별 부록에 넣었다.

## 09. 5% 이상의 물가상승 = 100% 경제 침체

단기적으로는 인플레이션이 오르는 시기에 투자하는 게 성과가 좋은 경우가 많다. 인플레이션이 한참 오르고 있다는 것은 그만큼 경제가 뜨거워지고 있다는 것이며, 경제가 과열되는 만큼 주가도 뜨겁게 오르곤 한다. 2020~2021년의 시장이 딱 그랬다. 하지만 장기적으로 높은 인플레이션은 투자에 좋지 않은 결과를 가져다주는 경우가 많다. 미국을 기준으로 물가가 5%를 넘지 않아도 경제 침체는 오곤 했다. 하지만 물가가 5% 이상 상승하면 반드시 경제 침체가 왔다.

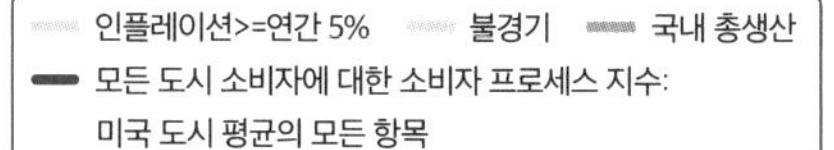


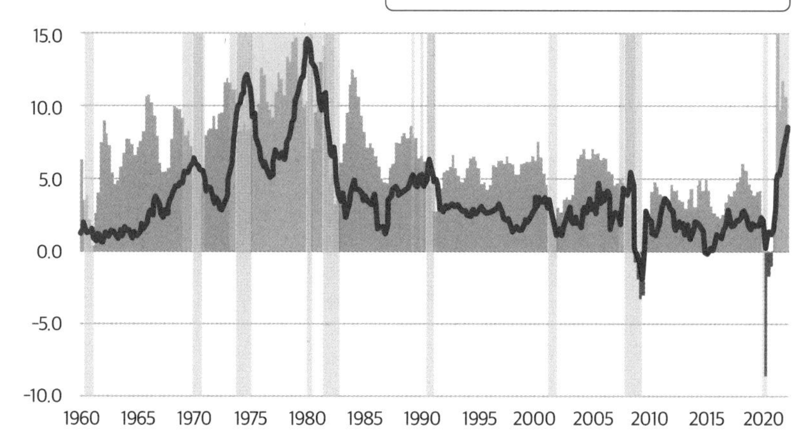


**5% 또는 5% 이상의 인플레이션이 발생하면 반드시 경제 침체가 온다**

출처: Real Investment Advice

위 자료에서는 1960년 이후 미국의 CPI가 5%를 돌파했던 구간을 연한 색으로 표시해 놓았는데, 저 당시마다 매번 경제 침체가 발생했다. 즉, 높은 물가는 시간의 문제일 뿐 머지않아서 경제 침체를 유발한다는 것이다. 특히 인플레이션이 고점에 도달하고 슬슬 잡혀가기 시작할 때부터가 진짜 경제 침체의 시작 지점인 경우가 많았다. 즉, 물가상승이 한참 이루어지는 시기에는 주가도 오르고 경제도 계속 뜨거워지기 때문에 전반적으로 시장이 괜찮게 흘러가곤 하지만, 물가가 어느 정도 정점에 도달하고 물가가 잡혀가기 시작하는 때가 되면 주가가 폭락하거나 경제 침체가 오는 등의 문제가 발생한다. 경제 침체는 버블과 과열로 인해 오는 것이다. 버블 없는 경제 침체는 없다.

# 010. 부동산 지표로 실업률 예측하기

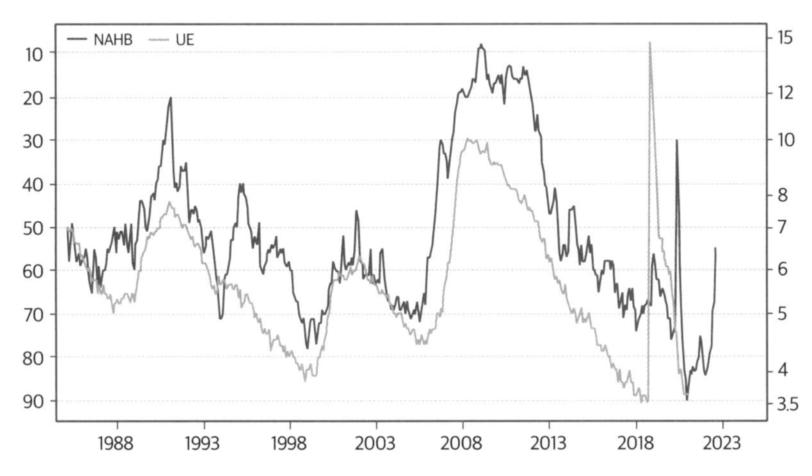


**미국 NAHB 지수와 실업률**
출처: Bitcoin Magazine PRO

NAHB는 전미주택건설협회로, 주택 건설업자나 관련 기업들이 속해 있는 단체다. 여기서 매월 건설업체들을 대상으로 설문조사를 진행하는데, 50 이상인 경우엔 주택 판매의 전망이 괜찮다는 것이고, 50 미만이면 주택 판매와 부동산 시장의 전망이 어둡다는 것을 이야기한다.

미국 NAHB 지수(전미주택건설협회 주택시장지수)는 부동산시장의 전망뿐 아니라 실업률도 꽤 정확하게 예측하곤 한다. 위 자료에 따르면, NAHB 지수는 실업률을 1년 6개월 정도 선행한다. 즉, NAHB 지수가 악화되기 시작하면 1년 6개월 내외의 기간이 지나 실업률도 크게 폭등할 수 있다는 것이다. 해당 자료를 통해 추측해보면, 2023년 하반기에서 2024년 상반기가 됐을 때 미국에서 실업률이 폭증한다고 한다. 이 정도의 추세라면 경제 위기가 발생한다고 암시하는 것과 같다.